KB067854

생각을 비즈니스로 연결하는 힘

IDAI NA HATSUMEI NI MANABU IDEA
NO TSUKURIKATA SHIKO TENKAI WORKSHOP
© Koji Mihara, 2016
Originally published in Japan by Nikkei Business Publications, Inc.
Korean translation rights arranged with Nikkei Business Publications, Inc.
through CREEK & RIVER ENTERTAINMENT Co., Ltd.

기획자를 위한
아이디어 발상법

생각을
비즈니스로
연결하는
힘

미하라 고지 지음
구로스 세이지 감수
장인주 옮김

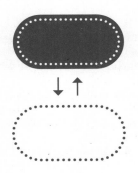

북 카라반
CARAVAN

새로운 아이디어를 생각할 때 우리는 영감이 떠오르기를 기대한다. 이거다 싶은 아이디어가 번쩍 떠올라 모든 일이 잘 해결되기를 바라는 것이라 생각한다. 그렇다면 영감이 잘 떠오르게 하려면 어떻게 해야 할까?

목욕할 때나 산책할 때, 드라이브할 때, 대화를 나눌 때 등 평소에 무릎을 탁 치며 깨달음을 얻는 순간이 있을 것이다. 나는 기획안을 준비할 때 지하철을 타고 노선을 빙빙 돌면서 생각을 이어나간 적이 있다. 계속 같은 자리에 앉아서 생각하는 것보다 변화나 자극을 주면 더 좋을 것

같아서 자리를 바꿔 앉거나 일어서기도 하면서 지하철 노선을 따라 빙빙 돌았다. 덕분에 두뇌 회전도 좋아진 것 같았다.

나와 친분이 있는 일본 인텔의 전 부사장은 공원 잔디에 누워서 생각하다가 컴퓨터에 'Intel Inside'라는 스티커를 붙여서 인텔의 이름을 프로모션하는 방안을 생각해냈다고 한다. 이처럼 자신의 발상력을 높일 수 있는 장소를 찾아 그곳에서 아이디어를 생각하면 효과적이다.

자신에게 맞는 '생각하기 좋은 환경'은 다양할 것이다. 하지만 그렇다고 착각해서는 안 된다. 사람마다 생각하기 좋은 장소나 방법이 있는 것은 분명하지만, 산책을 하거나 전철을 탄다고 해서 영감이 얻어지는 것이 아니다. 중요한 것은 다른 데 있다. 아이디어가 잘 떠오르는 사람은 '생각하는 방법'을 알고 있는 것이다. 즉 '발상의 순서'를 알고 있는 것이다. 그것이 이 책의 주제다.

아이디어를 생각할 때는 누구나 자연스럽게 머릿속에서 아이디어를 생각하는 순서가 작동하고 있다. 그 순서가 얼마나 뛰어난지에 따라 아이디어의 양과 질에 차이가 나타난다.

이 책에서는 새로운 아이디어의 영감을 얻기 위한 '사고 전개법'에 대해서 설명한다. 이 프로그램을 사고 회로에 집어넣기만 하면 신상품 기획, 신서비스 기획, 신비즈니스 모델 기획, 문제 해결, 사업 전략 등 많은 분야에 활용할 수 있다.

이 책은 크게 전반과 후반으로 나뉜다. 전반 제4장까지는 천재 발명가들의 눈부신 성과를 소개하면서 '영감'의 핵심에 대해 알아보고, 후반 제5장 이후부터는 천재 발명가들처럼 영감을 얻기 위한 사고 전개법을 설명한다.

이 책에서 소개하는 사고 전개법의 가장 큰 특징은 자문자답 형식으로 기획안을 생각하는 것이다. 다양한 의견을 낼 때는 그룹으로 논의하거나 전문가나 경험자의 의견을 듣는 것도 물론 효과적이다. 이 책의 사고 전개법도 그런 방법을 도입하도록 추천하고 있으며, 프로젝트팀을 짜서 시도하는 아이디어 도출은 분명 효과가 있을 것이다. 그렇지만 획기적인 아이디어를 생각하는 데 무엇보다 중요한 것은 '개인'의 힘이다. 자문자답 형식으로 아이디어를 끌어내는 사고 전개법의 장점은 스스로 '개인'의 힘을 높일 수 있다는 점이다.

사고 전개의 목적은 그 방법을 잘 구사하는 것이 아니다. 참신하고 혁신적인 발상으로 사람들에게 행복과 편익을 주는 기획을 하고 이를 실현하는 것이다. 이 책에서 소개하는 사고 전개법을 사용해서 많은 사람에게 기쁨을 주는 아이디어를 내보길 바란다.

차례

제1장

발명의 탄생

우연과 만나는 능력

세렌디피티Serendipity라는 단어를 아는가? '우연히 뜻밖의 발견을 하는 행운'이라는 뜻을 가진 단어다. 예를 들어 여행 스케줄을 세우기 좋은 일정 관리표를 검색하다가 새로운 관광지 정보를 얻게 되는 것처럼 다른 것을 찾다가 우연히 자신이 알고 싶었던 것을 발견하는 행운을 세렌디피티라고 한다. 세렌디피티는 우연에 기대기 때문에 의도해서 할 수 있는 일이 아니다. 그러나 우연히 발견한 것을 기발한 발명으로 받아들이느냐는 사람마다 능력차가 있어 보인다.

애플의 창립자 스티브 잡스는 세렌디피티 능력이 높은 사람으로 알려져 있다. 애플 매킨토시의 콘셉트였던 하이퍼카드(현재 윈도우와 같은 그래픽 화면)나 컴퓨터를 조작하기 위한 마우스도 스티브 잡스가 발견하지 않았더라면 실용화가 몇 십 년이나 늦어졌을지도 모른다. 스티브 잡스처럼 새로운 사물을 고안해내는 사람은 특별한 사고회로를 가진데다가 관련 정보에 항상 촉각을 곤두세우고 있으니까 우연과 만날 수 있는 것일지도 모른다. 그런 능력을 가진 사람은 그리 흔치 않다.

하지만 그런 능력은 태생적으로 가지고 태어난 사람들만의 특권이 아니다. 우리는 누구나 훈련을 통해서 새로운 것을 고안해내는 사고회로를 만들어 우연히 만난 것들을 멋진 아이디어로 발전시킬 수 있다.

스티브 잡스의 세렌디피티 능력에 대해 조금 더 생각해보자. 그에게 우연한 만남이란 무엇과 무엇이 만난 것이었을까? '스티브 잡스가 그래픽 화면과 마우스를 만났다'는 것이 일반적인 견해일 것이다. 하지만 다음과 같이 생각해 볼 수도 있다.

'컴퓨터를 쉽게 사용하기 위한 기술'이라는 시즈가 '컴퓨터를 사용하고 싶다'는 사람들의 니즈와 만났다.

즉 니즈와 시즈의 매칭이 일어난 것이다. 시즈seeds란 '씨 앗'을 말한다. 상품화로 이어지는 기술 등을 가리킨다. 니 즈needs란 '필요성'이다. 사람들이 원하는 것들을 의미한다. 그리고 시즈도 니즈도 숨어 있는 경우가 많다.

시즈가 숨어 있다는 것은 '무엇에 사용하면 좋을지 모르 는 상태'라는 뜻이다. 우연히 개발된 기술, 오래전부터 있 었지만 사용되지 않고 있는 제품 등이 '숨은 시즈'의 후보 다. 어쩌면 장인이 가지고 있는 노하우나 창고에 방치된 장치들도 '숨은 시즈'일지도 모른다.

한편 니즈가 숨어 있다는 것은 상품이나 서비스가 나온 뒤에 '맞아, 이런 걸 갖고 싶었어!' 같은 반응이 일어나는 상태다. 즉 사람들이 스스로 필요성을 인지하지 못하는 니 즈가 있다는 것이다.

이러한 '숨은 시즈'와 '숨은 니즈'를 매칭하면 획기적인 발명이 실현되고, 새로운 시장이 탄생하는 경우가 많다.

기존 시즈의 용도를 조금만 넓혀보면 니즈로 이어지는 실용적인 시즈가 탄생한다.

숨은 니즈와 숨은 시즈를 찾아서 잘 매칭하기 위해서는 진부한 사고방식에서 당장 벗어나야 한다. 기성개념이나 고정관념에 얽매이지 않고 참신하고 혁신적인 아이디어를 발상하는 것이 창조의 출발점이다.

숨은 시즈에서 탄생한 간판 상품, 포스트잇

우선은 숨은 시즈 이야기부터 해보겠다. 흥미롭게도 전혀 생각지도 못하게 만들어진 기술이 기발한 발명의 시즈로 이어질 때가 많다. 우연히 만들어진 시즈에 대해 누군가가 그 용도를 발견하거나 생각해내서 모두가 원했던 상품이 탄생하는 것이다.

여러분 중에 '포스트잇'이라는 메모지를 모르는 사람은 없을 것이다. 미국의 3M이라는 회사가 개발한 발명품으로 사무실 등에서 일상적으로 쓰이는 접착식 메모 용지 말이다. 실은 이 포스트잇은 전형적인 시즈 발상에서 탄생한 상품이다.

1968년, 3M의 연구원인 스펜서 실버가 강력 접착제를 개발하던 중에 잘 붙지만 쉽게 떨어지는 시제품이 만들어졌다. 접착제로는 실패작이므로 원래라면 폐기되었겠지만 실버는 이때 다른 것에 유효하게 사용할 수 있을지도 모른다고 직감했다.

그 후 그는 자신이 발견한 접착제를 사내 기술 세미나에서 소개하고 샘플을 나눠주면서 다른 사용처는 없는지, 새로운 용도로 개발할 수 없을지 물어보고 다녔다. 하지만 좀처럼 좋은 의견은 얻지 못했다.

그로부터 약 5년이 지난 1974년의 어느 일요일, 3M의 커머셜 테이프 제품 사업부에 근무하던 아서 프라이는 여느 때처럼 교회 성가대에서 노래를 부르며 찬송가 책 페이지를 넘기고 있었다.

그때 표시 삼아 끼워두었던 책갈피가 바닥에 툭 떨어졌다. '또 떨어졌군' 하고 생각한 순간, 그의 뇌리에 무언가 스쳐 지나갔다.

'쉽게 떼어낼 수 있는 풀로 책갈피를 붙이면 책갈피가 떨어지지 않겠지? 그래, 바로 이거야! 여기에 그 접착제를 사용할 수 있겠군!'

5년 전에 실버가 실수로 만든 기묘한 접착제의 용도가 이때 처음으로 구체적인 이미지가 된 것이다. 이를 계기로 프라이는 '붙였다 떼었다 할 수 있는 풀칠된 책갈피' 개발에 착수했다. 거듭된 연구 개발 끝에 마침내 완성된 '풀칠된 책갈피'를 손에 쥐었을 때 프라이는 한층 더 중대한 사실을 깨달았다.

'책갈피를 붙였다 떼었다 할 수 있다'는 것은 '책갈피에 적은 메모를 붙였다 떼었다 할 수 있다'는 것이므로 '메모를 적어서 전달하는 메모지로도 사용할 수 있다'는 것, 다시 말해 소통의 도구라는 다른 쓰임새를 발견한 것이다. 이렇게 포스트잇의 발상이 확인되었으며 본격적으로 상품 개발이 시작되었다.

하지만 제조 기술면에서 난항을 겪으면서 상품화는 매우 어려울 것이라는 의견이 나왔다. 그러나 프라이는 오히

려 이렇게 생각했다고 한다. '쉽게 만들 수 없다는 것은 다른 회사가 쉽게 따라 만들 수 없다는 뜻이니 유사품이 잘 나오지 않을 거야.' 즉 제조 기술조차도 쉽게 모방할 수 없는 독특한 상품이 되는 것이다. 그리하여 마침내 타사에서 모방할 수 없는 상품이 만들어졌다.

그 후 시장에 출시하기까지 판매 중지될 뻔한 위기도 있었다고 하지만, 이런저런 고난과 역경 끝에 포스트잇은 1980년 미국 전역에서 판매되기 시작했다. 처음에는 사람들에게 그 편리성이 알려지지 않아 니즈가 없는가 싶었지만, 차츰 제품이 알려지면서 지금은 전 세계 사람들이 사용하는 필수 사무용품으로 자리 잡았다.

만약 실패작이라고 여겨졌던 '잘 붙지만 쉽게 떨어지는 풀'을 버렸더라면 지금의 포스트잇은 탄생하지 않았을 것이다. '이것으로 무언가를 만들 수 있지 않을까?', '이것이 만들어지면 무엇이 가능해질까?'라고 생각한 결과, 시즈가 '니즈를 창출하는 발명'으로 변신한 것이다.

포스트잇은 '숨은 시즈'를 '숨은 니즈'와 매칭한 발명의 전형적인 예라고 할 수 있다. 이처럼 시즈는 자신도 모르는 사이에 놓치고 있는 경우가 많다. 모처럼 발명된 기술들이 실용화되지 않고 묻힌 경우도 있을 것이다. 실용화할 방향은 정해져 있지만(실현이 어려운 경우도 있을 테지만), 시즈에 적합한 용도를 찾지 못해 시즈의 잠재력을 발휘하지 못한 경우도 많다.

숨은 니즈를 발굴한 발명, 축음기

이번에는 숨은 니즈 이야기를 해보겠다. 누구나 알고 있는 유명한 발명품의 탄생 비화다. 지금은 거의 사용되지 않는 기술이지만 19세기의 대발명 중에 축음기가 있다. 축음기는 음악을 녹음하고 그 음악을 듣기 위한 기계로서 보급되었다. 하지만 처음에는 그런 목적으로 개발된 물건이 아니었다.

축음기는 토머스 에디슨이 1877년에 발명한 것으로 알려져 있다. 당시 그는 축음기의 용도로 유서의 녹음, 시각 장애인을 위한 낭독 녹음, 시보 녹음, 영어 교재 녹음 등 열 가지를 열거했다. '소리를 기록한다'는 니즈를 깨닫고 그것을 실현하는 기술을 개발한 것이다.

하지만 그런 용도로는 좀처럼 보급되지 않아 에디슨은 축음기에는 상업적 가치가 없지 않은가 생각했다고 한다. 그러나 수년 뒤 에디슨은 전략을 바꿔서 축음기를 구술용 녹음 재생 장치로 판매하기로 했다. 다른 니즈에 초점을 맞춘 것이다. 아마 에디슨은 축음기의 기술로 할 수 있는 것들을 분석하다가 '소리를 녹음하고 재생한다'는 새로운 기능을 찾아 그것을 니즈로 삼기로 했을 것이다.

실은 에디슨은 이때 음악 녹음에는 중점을 두지 않고 있었다. 그런데 현명한 기획가가 구술용 녹음 재생 장치인 축음기를 주크박스로 재제작해서 판매하는 사업을 벌였다. 에디슨은 음악을 녹음하고 재생한다니 자신의 발명의 품위를 더럽힌다며 주크박스를 비판했다고 한다.

그런데 축음기로 음악을 듣는 사람들이 늘면서 에디슨의 발명품은 음악의 녹음 재생 장치로 보급되기 시작했다. 그제야 에디슨도 축음기의 주요 용도로서 음악의 녹음 재생 기능을 인정했다고 한다. 에디슨이 축음기를 발명하고

20년이 지난 뒤였다.

이처럼 발명왕 에디슨조차도 자신의 발명품의 용도, 사람들이 원하는 니즈를 찾지 못했다. 즉 에디슨은 소리를 녹음할 수 있는 축음기의 기능이 다양한 니즈를 충족시킬 수 있다는 사실을 깨닫지 못한 것이다. '소리를 기록한다'는 니즈는 그 자체로는 많은 사람들의 욕구를 충족시키지 못했지만 '기록된 소리를 재생한다'는 니즈는 많은 사람들의 욕구를 충족해 축음기는 빠르게 보급되기 시작했다.

이후 카세트테이프, CD, 반도체 메모리 등의 수많은 녹음 재생기가 발명되고 실용화되었다. 에디슨이 발명한 축음기가 '소리를 기록하고 재생한다'는 새로운 니즈 시장을 개척하여 사람들이 원하는 새로운 녹음 재생 장치가 다수 탄생하게 된 것이다.

우리 주변에 있는 매칭 발명품,
레인코트

우리 주변에 있는 상품의 대부분은 시즈와 니즈를 잘 매칭시켜서 탄생한 발명이다. 예를 들어 레인코트는 1800년대 전반에 찰스 매킨토시라는 스코틀랜드인 과학자가 발명한 것으로 알려져 있다.

찰스 매킨토시가 발견한 것은 석탄으로 가스를 제조하는 과정에서 발생하는 폐기물에서 얻을 수 있는 방수성 용제였다. 그 용제를 사용하면 방수가 되는 것이다. 그는 이에 대해 곰곰이 생각해봤다.

'이 용제를 바른 소재를 사용하면 비를 맞아도 젖지 않는 방수 재킷을 만들 수 있지 않을까?'

이 시즈를 '비 오는 날에도 옷이 젖지 않게 외출하고 싶다'는 니즈와 매칭해 레인코트가 탄생했다.

예를 하나 더 들어보겠다. 옛 시계 등의 동력원이었던 '태엽'은 물건을 작동시키는 에너지의 저장 장치로서 인류의 발명 중에서도 중요한 것이었다. 지금도 태엽이 사용된 손목시계를 즐겨 착용하는 사람들이 있다. 나사를 돌리면 코일스프링이 압축되면서 에너지가 축적된다. 그 코일스프링이 늘어나는 힘으로 톱니바퀴를 돌리고 바늘을 움직이는 원리다.

코일스프링을 사용한 최초의 시계는 독일의 자물쇠 기술자인 페터 헨라인이 1500년대 초에 만들었다고 알려져 있다. 코일스프링의 발명자는 확실하지 않지만, 헨라인의 발명보다 50년 전부터 있었을 것으로 추측되고 있다. 이 코일스프링이 없었다면 태엽도 태엽시계도 탄생하지 않았을 것이다.

헨라인은 코일스프링이라는 시즈를 발견하고 '코일스프링의 힘으로 서서히 바늘을 움직이는 장치를 만들면 시간을 아는 도구를 만들 수 있겠군!' 하고 생각했을 것이다. 그리고 '간편하게 정확한 현재 시간을 알고 싶다'라는 세상 사람들의 니즈와 매칭되어 태엽시계가 우리 삶의 필수품이 된 것이다.

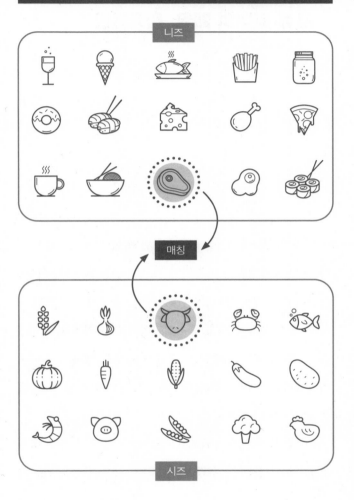

사상 최대의 매칭, 증기기관

인류의 역사를 바꾼 대표적인 발명 중에 증기기관이 있다. 증기기관이라는 획기적인 시즈는 숨은 니즈와 연이어 매칭하면서 세상을 크게 바꿔놓았다. 증기기관 발명의 역사는 매우 오래됐는데, 증기기관차로 이어지는 증기기관은 스코틀랜드의 기술자인 제임스 와트가 18세기 후반에 개발했다고 알려져 있다. 이 발명으로 탄광 작업에 말 대신 증기기관이 이용되었다고 한다.

증기기관은 매우 위대한 발명이었다. 왕복 운동을 회전 운동으로 전환했고, 수력에 의지하지 않고 공장을 가동시

켰으며, 교통수단을 발전시키는 등 산업혁명의 원동력이 되었으며, 동물의 힘에 의지했던 에너지원을 석탄으로 전환해 공업화 사회로 들어서는 계기를 마련했다.

증기기관의 발명은 지금까지 사람이나 동물이 해야 했던 '물체를 움직이는 기능'이 어떻게 하면 다른 방식으로 가능해질지 생각한 결과라고 할 수 있다. 이제 이 시즈를 활용하는 니즈가 어떻게 탄생했는지 알아보자.

아주 먼 옛날에 인간이 동물을 도구로 사용하기 전에는 무거운 것을 움직이려면 많은 사람들이 힘을 모아야 했다. 그때 '사람의 손을 사용하지 않고 무거운 것을 움직일 수 있으면 좋겠다'고 생각한 사람이 있었을 것이다.

그래서 그 니즈에 대해 '인간보다 힘이 센 무언가를 사용해서 무거운 것을 움직이고 싶다'는 '요구가 있지만 불가능하다고 여겨지는 니즈'를 진지하게 생각하는 사람이 나타났을 것이다.

이윽고 사람을 잘 따르는 동물을 이용해서 무거운 것을 움직이는 수단을 생각해내기에 이른다. 그리고 수단을 개량하고 개선하기 위해서 사람을 잘 따르는 힘센 동물을 수 없이 많이 고려해왔을 것이다.

그러다 '동물을 사용하지 않아도 무거운 것을 움직이고 싶다'는 숨은 니즈를 깨달은 사람들이 등장했고, 증기기관을 발명할 수 있었다. 그 후 '증기기관을 사용하여 무거운 것을 움직이고 싶다'는 새로운 니즈가 발견되어 증기기관차나 각종 기기로 발전했다.

처음에 증기기관을 만들고자 했을 때, 예를 들어 증기기관차는 필요했을까? 증기기관차가 등장하기 전에도 마차를 타고 장거리를 이동하는 것은 가능했으므로 증기기관차가 꼭 필요하지는 않았을 것이다.

그런데 이제껏 실현하지 못한 '인간이나 동물이 힘을 사용하지 않아도 언제까지나 지치지 않고 달리는 차량이 있었으면 좋겠다'는 소망이 증기기관차의 발명으로 이어진 것이라고 생각한다. 그 덕분에 증기기관차는 사람들에게 노동력과 시간 절약이라는 은혜를 베풀고, 인간의 갖가지 희망을 이루어주었다.

만약 '차량은 말이 끌어야 한다'는 고정관념에 사로잡혀 '더 빠르고, 아무리 달려도 지치지 않는 말이 끄는 마차를 갖고 싶다'는 니즈만 추구했더라면 증기기관차는 탄생하지 않았을 것이다. 기존의 고정관념에서 벗어나 차량의 본질적 목적을 추구했기에 증기기관차가 탄생할 수 있었던 것이다. 기존의 기술과 상식에서 벗어난 곳에 있는 욕구, 아무도 깨닫지 못한 니즈를 발견하고 창출하면 이처럼 큰 혁신이 일어난다.

일반적으로 가장 유명한 증기기관차는 조지 스티븐슨의 로커모션호가 아닐까 싶다. 하지만 증기기관을 대차臺車(차체를 지지해 차량이 레일 위로 안전하게 달리도록 하는 바퀴가 달린 차)에 올려서 그 힘으로 물건을 나르는 시스템을 고안한 것은 리처드 트레비식이라고 알려져 있다. 그는 1804년에 영국의 제철소 안에서 증기기관차를 주행시켰다고 한다.

여기서 주목해야 할 것은 증기기관차를 실용화한 조지 스티븐슨보다 증기기관을 대차에 올려서 달리게 한 리처드 트레비식의 발상이다. 리처드 트레비식이 기획 발상하여 초기 설계한 시즈를 조지 스티븐슨이 개량 설계하여 실용화한 것이다.

즉 증기기관차의 혁신에서는 시즈를 발명한 사람과 숨

은 니즈를 발견한 사람, 그것을 실용화하고 보급한 사람이 다 다르다. 이는 새로운 것을 생각해내고 그것을 보급하는 데 매우 중요한 포인트가 된다. 이에 대해서는 제4장에서 더 자세하게 설명하기로 한다.

제2장

영감과 사고

세렌디피티를 의도적으로 이끌어내다

애플의 매킨토시, 3M의 포스트잇, 레인코트, 코일스프링, 증기기관차는 모두 시즈와 니즈를 잘 매칭해서 탄생시킨 발명품이다. 숨은 시즈와 니즈를 적절히 매칭하는 것이야말로 영감이라고 할 수 있다.

그러한 영감은 특별한 능력을 가진 사람만의 특권이라고 생각하는 사람이 많지 않을까 싶다. 분명 다소 특별한 능력이 필요할지도 모르지만, 공상과학 소설에 나오는 초능력이나 슈퍼맨이 가지고 있는 능력은 아니다. 일반인의 능력으로도 사고를 잘 다루기만 하면 참신한 아이디어를 발상할 수 있다. 즉 천재 발명가는 '영감을 만들어내는 사고 방법을 알고 있는 사람'이라고 할 수 있다.

참신한 아이디어를 발상하기 위해서는 창조성을 높이는 태도를 갖추고, 그에 걸맞은 기술을 사용하여 자신의 숨은 창조력을 이끌어내는 것이 중요하다. 사고의 기술을 연마해야 창조적인 아이디어를 떠올릴 수 있다.

아이디어는 자신이 가진 지식과 경험을 바탕으로 만들어진다. 자신의 지식과 경험 이상의 것은 만들어지지 않으므로 가능한 한 많은 지식과 경험을 가지고 있어야 아이디어 발상에 유리하다. 하지만 많은 지식과 경험을 가지고 있다고 해서 아이디어가 많이 떠오르는 것은 또 아니다. 똑같은 지식과 경험을 가진 사람이라도 발상력에 차이가 있다. 왜 그럴까?

예를 들어 지식a, 지식b, 지식c, 경험1, 경험2, 경험3을 가진 X와 Y가 있다. X는 이 지식과 경험을 조합해서 자기 나름대로 다양한 것을 생각할 수 있다. '(지식a + 지식c) × 경험2', '지식b × (경험1 + 경험3)' 등과 같이 다양하게 조합해서 생각하면서 참신한 아이디어를 만들어낸다. Y는 자신의 지식을 조합해서 생각하는 것이 서툴다. '지식a = 경험1', '경험2 = 지식b의 확인', '경험3 = 지식b + 지식c'와 같이 배운 지식을 설명하거나 경험을 보고할 수는 있어도 새로운 아이디어를 만들어내지는 못한다.

X와 Y의 차이는 지식과 경험을 얼마나 잘 조합해내는 가에 있다. 물론 지식과 경험의 양은 사람마다 차이가 있지만 똑같은 지식과 경험을 가지고 있어도 발상하고자 하는 대상에 대해 자신의 뇌 속에서 지식과 경험을 꺼낼 수 없으면 좋은 아이디어는 나오지 않는다.

지식을 조합하는 능력차가 현저하게 드러나는 것은 새로운 정보를 얻었을 때다. 우리는 나날이 새로운 정보를 머릿속에 저장하고 있는데, 그것을 기존의 지식과 조합해 나갈 때 조합 능력이 뛰어난 사람은 다양한 아이디어가 떠오른다. 그것은 의도적으로 세렌디피티를 이끌어내는 능력이 높음을 의미한다.

영감을 이끌어내는 아이디어 발상법

　세상에는 영감을 이끌어내기 위한 다양한 발상법이 있다. 이러한 발상법들은 그 사람의 지식과 경험을 뇌 속에서 환기시켜 그 조합법과 사칙연산을 순서화함으로써 새로운 발상을 만들어낸다.

　'발상법 = 자신의 지식·경험의 환기법 × 아이디어를 이끌어내는 순서'라고 할 수 있다.

　다음 표는 주요 발상법이다.

발상법의 종류

❶ 확산 기법
- 자유 연상법 – 브레인스토밍, 브레인라이팅
- 강제 연상법 – 체크리스트법, 매트릭스법
- 유추 발상법 – 고든법, 시네틱스, NM법

❷ 수렴 기법
- 공간형
  - 연역법 – 도서 분류, 각종 분류
  - 귀납법 – KJ법, 7×7법, 크로스법, 블록법
- 계열형
  - 인과법 – 인과분석법, 특성요인도
  - 시계열법 – PERT, 스토리법, 카드PERT

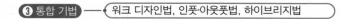

❸ 통합 기법 — 워크 디자인법, 인풋·아웃풋법, 하이브리지법

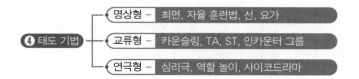

❹ 태도 기법
- 명상형 – 최면, 자율 훈련법, 선, 요가
- 교류형 – 카운슬링, TA, ST, 인카운터 그룹
- 연극형 – 심리극, 역할 놀이, 사이코드라마

이 발상법 중에는 이미 여러분들이 일상적으로 활용하고 있는 기법도 있을 것이다. 특히 브레인스토밍은 전형적인 발상법 중 하나가 아닐까 싶다.

이런 발상법은 아이디어를 만들어내는 사람의 사고 순서, 시점, 생각하는 자세 등을 연구해서 개발되었다. 즉 아이디어가 술술 떠오르는 사람의 뇌 구조와 순서를 기법화한 것이다.

이러한 발상법은 반드시 상품 기획이나 문제 해결 등에 활용하는 것을 목적으로 하는 것은 아니지만 직장인들에게도 많이 애용되고 있다. 지식과 경험을 이어주는 세렌디피티를 의도적으로 이끌어내는 기법이라고도 할 수 있다.

발상법은 다양하게 고안되고 있지만 직장인들 사이에서 널리 이용되고 있는 방법에는 공통점이 있다. 아이디어를 찾고 짜는 포인트가 대개 정해져 있고, 비슷한 순서로 아이디어 창출을 촉구하고 있다. 여기서는 '디자인 사고'와 '브레인스토밍'을 예로 들어 발상과 창조 기법의 포인트를 소개한다.

디자인 사고

디자인 사고는 공감하기, 정의하기, 아이디어 내기, 시제품 만들기, 평가하기 등의 다섯 단계로 진행된다.

■1단계: 공감하기Empathy

디자인 사고는 무엇에 공감하는 것일까? 바로 물건을 사용하는 '사람'이다. 상황을 관찰하고, 인터뷰도 해보고, 직접 경험해보며 이 물건의 문제점이 무엇인지를 찾아나가는 과정이다. 다만 여기서 바로 답을 내려버리면 안 된다. 계속 문제점이 무엇인지를 고민해봐야 한다. 그것이 본질적인 문제를 발견해나가는 과정이기 때문이다.

■2단계: 정의하기Define

계속 고민을 해봤다면 이제는 문제점을 정의하는 과정이다. 현장 관찰로 밝혀진 문제 중 본질적인 문제, 해결해야 할 문제가 무엇인지를 생각한다. 이 과정을 통해 아이디어를 창출하게 되므로 소비자가 정말 불편해하는 문제에 대해 분명하게 정의내려야 한다.

■ 3단계: 아이디어 내기Ideate

문제점이 정의되었다면 이제 해결할 '아이디어'를 마음
껏 내보는 과정이다. 이 과정에서는 지금까지 연구된 각종
발상법을 활용할 수 있다. 어떻게 하면 문제점을 해결할 수
있는가에 초점을 맞춰서 팀별로 머리를 맞대고 브레인스
토밍 등의 각종 발상법을 활용한다. 그리고 수많은 아이디
어 중에서 가장 실현 가능성이 있는 아이디어를 선택한다.

■ 4단계: 시제품 만들기Prototype

아이디어를 선택했는가? 그렇다면 이제는 아이디어를
실현할 차례다. 단순히 아이디어를 내는 것으로 끝내는 것
이 아니라 직접 제작해봄으로써 그 아이디어가 실현 가능
성이 있는지를 살펴본다. 여기서는 완제품을 만들 필요는
없으므로 우선은 값싼 재료로 대략적인 시제품을 여러 개
만드는 것이 효과적이다. 예를 들어 클레이나 종이로 모형
을 만들어보거나, 도안을 그려보거나, 시나리오를 써보거
나, 시뮬레이션 등을 해볼 수 있다.

■ 5단계: 평가하기Test

시제품이 완성되면 이제는 실제 테스트를 해보는 단계다. 그 물건을 이용하는 소비자에게 직접 피드백을 받는 것이다. 우리가 만든 시제품이 효과가 있는지, 소비자의 욕구를 만족시켰는지, 그러지 못했다면 고쳐야 할 점은 무엇인지 점검한다. 만약 문제점이 제대로 해결되지 않았다면 다시 '아이디어 내기' 단계로 돌아가 해결 방법을 생각해봐야 한다.

디자인 사고에서는 이 다섯 단계를 반복하면서 최종적인 완성형을 추구한다. 그러므로 순서대로 한다고 해서 완성되는 접근법이 아니다. 그리고 완성 후에도 현장의 문제나 과제를 인식하고 개선에 힘써야 한다. 필요하면 다시 원점으로 돌아가 새로운 해결책을 찾아야 한다. 이처럼 과정을 한 번 거쳤다고 해서 끝나는 것이 아니라 끊임없이 반복해야 비로소 현장에서 개선이 이루어진다. 그 순서를 정리하면 다음과 같다.

① 공감하기: 상황을 관찰하여 과제를 발견한다.

② 정의하기: 과제를 인식하고 공유하며 문제점을 도출한다.

③ 아이디어 내기: 아이디어를 자유롭게 발산한다.

④ 시제품 만들기: 아이디어를 구현한다.

⑤ 평가하기: 피드백을 통해 아이디어를 개선하며 회고한다.

브레인스토밍

브레인스토밍은 집단 토론의 일종으로 특정 주제에 대하여 참가자들이 자유롭게 의견을 내고 결합하거나 수정하면서 참신한 아이디어를 창출하고자 하는 발상법이다. 브레인스토밍은 다음 4대 원칙 하에서 진행된다.

(1) 질보다 양

질보다 양을 더 중시하여 일정한 시간 동안에 가능한 한 많은 아이디어를 낸다.

(2) 비판 금지

다른 사람의 의견을 비판하지 않는다.

(3) 자유분방

개성이 풍부하고 독창적이고 기발하고 참신한 아이디어를 생각한다.

(4) 결합과 개선

다른 사람이 제안한 아이디어에서 힌트를 얻어서 연상게임을 하듯이 아이디어를 발전시킨다.

브레인스토밍은 이 4대 원칙에 따라 다음과 같은 순서로 진행된다.

① 새로운 아이디어의 대상이 되는 문제와 과제를 정한다.

② 참가자는 문제와 과제를 해결하기 위한 대책을 많이 준비한다.

③ 분류하고 통합하여 가능성 있는 대책을 추출한다.

④ 가능성이 있는 대책을 한층 더 결합하거나 개선하여 아이디어 제안서를 작성한다.

⑤ 실행한다.

브레인스토밍은 아이디어를 낸다는 사실 자체를 중시하여 구체적인 실행 방법은 상정하지 않는다. ⑤의 실행은 각 조직이나 환경에 따라 가장 좋은 방법을 취한다고 생각하면 된다.

그럼 브레인스토밍의 진행 방법을 간단하게 설명해보겠다. 먼저 회의의 주제를 감안해서 참가자를 뽑는다. 그 분야의 전문가만 부를 것인지 전문가가 아닌 사람도 참가자에 넣을 것인지 정한다. 인원은 너무 적어도 너무 많아도 좋지 않다. 일반적으로는 5~7명이 좋은데 내 경험상 5명 정도가 적당하다.

다음으로 진행자와 서기를 정한다. 진행자는 최대한 많은 아이디어가 나올 수 있도록 참가자들의 발언을 유도한다. 서기는 참가자들이 내놓은 아이디어를 빠짐없이 기록한다. 옛날에는 종이에 적었지만 요즘에는 화이트보드로 대체되었고, 컴퓨터 등에 입력해서 프로젝터로 화면을 표시해도 된다. 물론 진행자와 서기도 아이디어 내기에 참가한다.

진행자와 서기가 정해지면 주제와 관련된 의견을 계속

해서 낸다. 상대방의 발언에 자극되어 또 다른 의견이 나올 것이다. 시간은 주제 하나에 2시간 이내로 잡고, 더 길어질 경우에는 중간에 휴식을 취한 뒤 계속한다.

브레인스토밍 과정이 끝나면 제시된 아이디어를 카테고리별로 분류한다. 이때 중복되거나 실현이 어려운 아이디어는 빼고 가능성이 있는 아이디어만 추려낸다. 그런 뒤에 가능성이 있는 아이디어를 한층 더 결합하거나 개선해서 아이디어 제안서를 작성한다. 순서를 정리하면 다음과 같다.

① 대상이 되는 문제와 과제를 정한다. 아이디어 내기의 주제를 정한다.
② 해결하기 위한 대책을 많이 낸다. 니즈를 검토한다.
③ 분류하고 통합하여 가능성 있는 대책을 추출한다. 실현 가능한 아이디어를 생각한다.
④ 대책을 결합·개선해서 아이디어 제안서를 작성한다. 니즈의 실현 수단·실행안을 생각한다.

디자인 사고와 브레인스토밍의 순서를 하나씩 살펴보면 그 요소가 비슷하다는 것을 알 수 있다.

① 공감하기: 과제를 발견한다.
① 대상이 되는 문제와 과제를 정한다. 아이디어 내기의 주제를 정한다.

이 과정에서는 앞으로 생각할 아이디어의 대상과 출발점을 정한다.

② 정의하기: 니즈를 발견한다.
② 해결하기 위한 대책을 많이 낸다. 니즈를 검토한다.

이 과정에서는 지금까지 놓치고 있었던 숨은 니즈를 발견한다.

③ 아이디어 내기: 니즈를 실현하는 아이디어를 생각한다.
③ 분류하고 정리하여 가능성 있는 대책을 추출한다. 실현

가능한 아이디어를 생각한다.

이 과정에서는 발견한 니즈를 충족할 수 있는 아이디어, 즉 시즈를 찾는다.

④ 시제품 만들기: 아이디어를 실현할 수단과 실행안을 생각한다.

④ 대책을 결합·개선하여 아이디어를 작성한다. 니즈의 실현 수단·실행안을 생각한다.

이 과정에서는 발견한 시즈를 사용해서 발견·창출한 니즈를 실현하기 위한 수단을 생각해낸다.

⑤ 평가하기: 실행안을 리뷰하고 차선책을 검토한다.

이 과정에서는 생각해낸 수단을 실행하여 다음 아이디어의 주제를 찾고 개선책을 생각해나간다. 위 순서를 정리하면 다음과 같다. 대부분의 발상법은 거의 이 순서로 진행된다.

① 아이디어 내기의 대상과 출발점을 정한다.

② 숨은 니즈를 발견한다.

③ 발견된 니즈를 충족시킬 수 있는 시즈를 찾는다.

④ 시즈를 활용해서 발견·창출한 니즈를 실현하기 위한 수단을 생각해낸다.

⑤ 생각해낸 수단을 실행하여 다음 아이디어의 주제를 찾는다.

비즈니스의 아이디어를 생각할 때는 고객이 원하는 니즈를 찾고, 그 니즈를 충족시킬 수 있는 시즈(기술이나 노하우)를 찾아서 구체적인 수단을 제시할 수 있어야 한다. 아이디어를 발굴하고 실현하기 위해서는 '니즈', '시즈', '수단'의 세 가지가 필요한 것이다.

발상법의 기본 순서

① 아이디어 내기의 대상과 출발점을 정한다.

② 숨은 니즈를 발견한다.

③ 발견된 니즈를 실현할 수 있는 시즈를 찾는다.

④ 발견된 시즈를 사용해서 니즈를 실현하기 위한 수단을 생각해낸다.

⑤ 생각해낸 수단을 실행하여 다음 아이디어의 주제를 찾는다.

일방통행식 사고법에서 벗어나기

발상법의 공통점으로 나타난 '니즈', '시즈', '수단'이라는 세 가지 관점은 어떤 업무에도 도움이 되는 기본적인 사고의 축이다. 자신의 지식과 경험을 새로 얻은 정보와 잘 조합할 줄 아는 사람은 머릿속에서 이 세 가지를 늘 의식하고 있다. 한편 지식을 잘 조합하지 못하는 사람은 세 가지 중 하나밖에 의식하지 못하고 있는 경우가 많다.

예를 들어 기술 개발에 종사하는 엔지니어는 자신이 관여하는 기술을 중심으로 생각하기 쉽다. 즉 시즈의 관점에서만 생각하는 경향 때문에 고객의 니즈를 파악하는 의식이 부족한 경우가 있다. 반면 영업을 담당하는 사람은 고객의 의견을 듣고 니즈를 찾을 수 있어도 그에 대응하는 시즈를 찾는 일을 하지 않는다.

생각이 한쪽에만 기울어져 있는 사람은 아무리 머리를 굴려도 부합하는 니즈나 시즈를 만나지 못할 가능성이 크다. 이에 비해 자신의 지식을 잘 조합해내는 사람은 니즈를 발견할 수 있을 뿐만 아니라 시즈 측면에서도 발상할 수 있다. 즉 사고법이 쌍방향인 것이다. 쌍방향이라서 니즈와 시즈를 잘 매칭할 수 있는 것이다.

또 그들은 매칭으로 발견한 아이디어를 실현하기 위한 수단도 생각하고 있다. 즉 세 가지 관점을 동원하기 때문에 사고법이 입체적이다. 그렇다면 그 세 가지를 각각 어떻게 탐색해야 하는지, 다음 장부터 그 핵심을 살펴보자.

제3장

니즈 사고법

바퀴와 교통기관의 발명

마케팅이라는 학문에서는 '니즈를 어떻게 발견할 것인가'에 대한 연구가 오래전부터 이루어졌다. 그중 가장 일반적인 방법이 고객 설문조사나 인터뷰가 아닐까 싶다. 예를 들어 고객이 사용하는 제품이나 서비스에 대해 질문하여 불편한 점이나 개선이 필요한 점 등을 알아내고, 그 니즈를 다음 제품이나 서비스에 반영하는 것이다. 이런 조사에서는 니즈가 어느 정도 있다고 상정한 후에 수요자가 얼마나 되는지 알고 싶은 경우가 대부분이다.

하지만 이러한 조사로 깜짝 놀랄 만한 결과가 나오는 일은 거의 없다. 큰 실패를 막을 수는 있겠지만 현재 상황이나 문제, 사용자의 희망사항을 들어도 완전히 새로운 기획을 내기란 어렵다. 그렇다면 발명으로 이어질 만한 니즈는 어떻게 발견하고, 어떻게 만들어낼 수 있을까? 스스로 생각하는 것 즉 사고를 전개하는 것이 중요하다.

니즈란 무엇인지 또 어떻게 발견할지 생각할 때는 옛날 이야기가 도움이 된다. 아주 먼 옛날, 사람이 이동하려면 걸을 수밖에 없었던 시대에 '앉은 채로 이동할 수 있으면 편할 텐데'라고 생각한 사람은 과연 얼마나 있었을까? 그런 꿈과 같은 바람을 처음 실현한 것이 '말 타기'였다.

말을 타서 이동하는 시대가 되자 이제는 울퉁불퉁한 말의 등이 아니라 '쾌적한 의자에 앉아서 이동하고 싶다'고 생각한 사람이 나타나 마차가 발명됐다. 마차에는 바퀴가 달려 있는데, 이 바퀴는 바로 인류 역사상 가장 오래되고 중요한 발명 중 하나다. 그 기원은 메소포타미아 문명 시대인 기원전 5000년경이라고 하며, 바퀴가 이동수단의 형태로 사용된 것은 기원전 4000년경으로 알려져 있다. 즉 바퀴가 발명된 지 1,000년 가까이 지나고 나서야 이동수단다운 것이 만들어진 셈이다. 왜 1,000년이나 걸렸을까?

여기서 동양에 바퀴가 달린 이동수단이 보급된 시대를 생각해보자. 동양에서 바퀴가 달린 이동수단이 빈번하게 사용되기 시작한 것은 근세시대 이후다. 아마도 차량이라는 것의 원리나 편리함은 이해하고 있어도 동양에서는 바퀴가 달린 차량이 다닐 수 있는 환경이 갖춰지지 않았기 때문이라고 생각된다. 그 이유는 땅이 울퉁불퉁해 바퀴가 달린 차량이 다닐 수 있는 상황이 아니었기 때문이다. 말하자면 동양에서 바퀴가 달린 차량은 효용이 크지 않을 니즈였던 것이다.

고대 메소포타미아에서 바퀴가 발명되고도 차량에 적용하기까지 1,000년이나 걸린 이유도 당시의 환경에 견딜 수 있는 바퀴를 만들 기술이 부족했기 때문이라고 추측해볼 수 있다. 즉 '바퀴가 달린 쾌적한 차량으로 이동하고 싶다'는 생각은 있었지만 그것이 불가능할 거라 여겼던 것이다. 즉 '숨은 니즈' 상태였다고 할 수 있다.

'숨은 니즈'에는 두 종류가 있다. 하나는 사람들이 원하지만 실현 불가능하다고 생각하는 니즈다. 또 하나는 아무도 깨닫지 못한 니즈다. 사람들이 미처 생각조차 하지 못하고 있는 욕구인 것이다. 예를 들어 원격지에서 정보를 통신으로 주고받는 것이 일반적이지 않았던 시대에 사람들은 '원격지에 있는 사람과 대화한다'는 니즈는 전혀 생각하지 못했을 것이다.

이 숨은 니즈는 알렉산더 그레이엄 벨이 발명한 '음성을 통신 신호로 바꿀 수 있는 기술'과 매칭하여 전화로서 실용화되었다. 이처럼 전혀 알려지지 않은 니즈도 있다. 즉 숨은 니즈에는 두 가지가 있다.

(A) 전혀 깨닫지 못한 니즈

(B) 요구가 있지만 불가능하다고 여겨지는 니즈

(A)는 우선 그 니즈를 찾거나 만들어낼 필요가 있다. (B)는 기술 개발과 조직 매니지먼트가 중요하다.

두 가지 숨은 니즈

두 가지의 숨은 니즈 즉 '전혀 깨닫지 못한 니즈'와 '요구가 있지만 불가능하다고 여겨지는 니즈'에 대해서 조금 더 생각해보자. 예를 들어 중세시대에 '다른 행성에 간다'는 니즈가 있었을까? 혹은 깨닫고 있었을까? 아마 깨닫지 못했을 것이다. 그러므로 그 시대에는 '다른 행성에 간다'는 니즈는 전혀 깨닫지 못한 니즈라고 할 수 있다.

그 후 인류의 지식이 쌓이면서 천동설과 지동설에 대한 논쟁도 가능해졌고, 그 뒤에도 계속 우주에 관한 지식이 발전을 거듭했을 것이다. 그러다 우주에 관심을 가지고 연구하는 사람들이 나타나 다른 행성에 갈 수 있지 않을까 생각해봤을 것이다. 하지만 이때는 '다른 행성에 가고 싶다'는 생각은 할 수 있어도 실현은 어려운 일이었다.

'요구가 있지만 불가능하다고 여겨지는 니즈'는 지금까지 발명된 것을 이용하면 실현 가능해 보이지만 현재 기술로는 실현하지 못하는 니즈를 말한다. 이러한 니즈는 실현 가능한 기술을 개발하면 된다.

예를 들어 세탁 세제 업계에서는 소량의 세제로 동등한 세정력을 발휘할 수 있도록 하는 것이 개발 주제가 되고 있는 모양이다. '20리터의 물에 세제를 한 방울 떨어뜨려 깨끗이 세탁한다'는 기능은 '요구가 있지만 불가능하다고 여겨지는 니즈'이며, 세제 제조업체에서는 이를 실현하기 위해 밤낮으로 연구 개발이 이루어지고 있다. 바꿔 말하면 '욕구가 있지만 지금은 불가능한 니즈'라고 할 수 있다. 그러므로 그런 니즈가 떠올랐을 때 다른 사람들이 불가능하다고 해도 포기하지 말고 꿋꿋이 연구 개발을 계속해야 한다.

한편 '전혀 깨닫지 못한 니즈'에 관해서는 일단 깨달을 필요가 있다. 무언가 니즈의 근거가 될 만한 것을 찾거나 만들어내야 한다. 예를 들어 전기에 관해 이야기해보겠다. 기원전 2500년경, 고대 이집트의 문헌에 전기를 발생시키는 어류가 존재하고 그 전기 충격은 사람에게도 전해진다는 내용의 기술이 있다고 한다.

그리고 기원전 600년경, 가장 오래된 고대 그리스의 철학자이자 그리스 7대 현인으로 꼽히는 탈레스는 정전기에 대해 기술하고 있다. 그리고 그는 보석의 일종인 호박(영화 〈쥬라기 공원〉에서 공룡의 DNA를 채취했던 보석이다)을 문지르면 가벼운 물체를 끌어당긴다는 사실을 알아냈고, 오랫동안 계속해서 문지르면 전기적인 변화(불꽃)가 일어난다는 것을 실증했다.

시대는 나아가 16~17세기, 이탈리아 물리학자 지롤라모 카르다노는 전기에 의한 힘과 자력을 처음 구별했고, 영국의 과학자 윌리엄 길버트는 그리스어의 'elektron(호박)'에서 라틴어의 'electricus(호박과 같은)'라는 용어를 고안해냈다. 이것이 영어의 'electricity(전기)'의 어원이 되었으며, 영국의 작가 토머스 브라운의 저작(1646년)에서 처음 사용되었다.

그 후 17~18세기에는 정전 발전기의 발명, 물질의 도체와 절연체의 분류, 양전하(+)와 음전하(-) 등 전기의 두 가지 형태의 발견, 전기 에너지의 축전기, 정전기의 방전에 의한 전류 발생 등 수많은 전기 연구가 이루어졌다.

일본에서는 박물학자 히라가 겐나이가 에레키테르라고 불리는 정전기를 발생시키는 장치를 제작해 전기 충격 요법 등의 의료에 사용했다고 한다. 에레키테르는 나무통의 손잡이를 돌리면 내부에서 유리가 마찰되어 전기가 발생하고, 그것이 동선을 통해 방전되는 구조였다. 몸의 통증을 느끼는 부분에 전기 충격을 주어 통증을 완화하는 의료 기구로 소개하고 있다(그 효과는 심히 의문스럽지만).

내가 좋아하는 이야기라서 길어졌는데, 인류가 전기라는 존재를 확인한 것은 시간을 거슬러 4,500년 이상 전이며, 전기에 양전하와 음전하가 있고 전류가 흐른다는 사실을 안 것은 약 300년 전인 1700년대였다. 그리고 그 전기가 실제로 사용되기 시작한 것은 19세기 후반 새뮤얼 모스의 전신이 최초인 것으로 알려져 있다.

즉 전기를 무엇에 사용할 수 있을지, 어떤 니즈를 실현하는 데 사용할 수 있을지 모르는 상태에서 몇 백 년이나 연구 개발이 이루어졌던 것이다. 그리고 이제는 우리 삶에 없어서는 안 되는 것이 되었다. 모스의 전신, 벨의 전화, 에디슨의 백열전구, 웨스팅하우스의 전기기관차, 스타인메츠의 교류, 테슬라의 전동기, 마르코니의 무선 통신, 라디오, 텔레비전 등은 전혀 깨닫지 못한 니즈가 실현된 예라고 할 수 있다. 이처럼 '전혀 깨닫지 못한 니즈'를 발견·창출하면 이제껏 없었던 획기적인 발명이 탄생한다.

또 세계에서 처음 '이노베이션'을 해설한 조지프 A. 슘페터는 "완전히 새로운 기술이나 재료가 아니더라도 그 조합이 지금까지 없었던 것이라면 이노베이션 창출로 이어진다"고 말한 바 있다. 즉 이미 존재하는 기술도 이제껏 생각지 못한 조합이라면 전혀 깨닫지 못한 니즈를 창출할 수 있는 것이다.

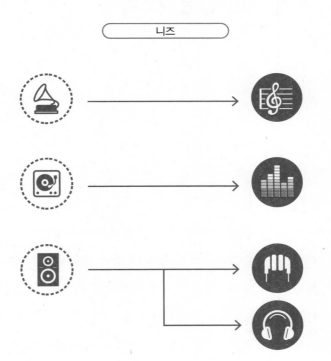

니즈

매슬로의 5단계 욕구론

'니즈'라는 단어에 대해 조금 더 생각해보자. 일반 사전에서는 니즈를 '필요, 욕구, 수요'와 같이 정의하고 있다. 하지만 마케팅에서 니즈는 한층 구체적인 의미를 지니고 있다.

마케팅 연구자인 필립 코틀러는 "인간이 생활하는 데 필요로 하지만, 그 충족감이 채워지지 않은 상태"라고 니즈를 설명한다. 사람마다 다양한 견해를 바탕으로 니즈에 대해 각기 다른 정의를 내릴 수 있겠지만, 다수가 동의할 만한 의미를 알기 쉽게 정리하면 다음과 같다.

'니즈는 사람들이 생활 속에서 필요로 하고 있거나 혹은 필요성을 느끼고 있는 것이다.'

예를 들어 '밥을 먹는다', '음료수를 마신다' 등은 살아가는 데 필요한 니즈다. '나무에 구멍을 뚫는다', '구두를 고친다' 등은 반드시 필요한 것은 아니지만 필요성을 느끼고 있고 언젠가는 대처해야 하는 니즈다.

니즈에는 단계가 있다. 아는 사람도 있겠지만 '매슬로의 5단계 욕구론'이라는 인간 욕구를 5단계의 피라미드로 나타낸 이론이 있다. 이는 에이브러햄 매슬로라는 미국 연구자가 1943년에 「인간 동기의 이론A Theory of Human Motivation」이라는 논문에서 제창한, 사람의 동기에 관한 이론 중 하나다. 이것을 '인간의 욕구 단계'로 배운 사람이 많을 테지만 실은 이 단계는 니즈의 계층을 나타내고 있다. 이 이론의 영어 명칭은 'Maslow's hierarchy of needs theory'라고 한다. 여기서 매슬로가 말하는 니즈의 5단계를 확인해보자.

'생리적 욕구physiological'는 생명 유지를 위해 꼭 필요한 식사, 수면, 배뇨 등과 같은 인간에게 가장 기본이 되는 본능적인 욕구를 말하며, 이 욕구가 채워지지 않으면 인간의 생존이 불가능해진다.

생리적 욕구가 충족되면 '안전의 욕구safety'가 나타난다. 폭력이나 범죄 등의 위험에서 보호받고, 건강한 생활, 경제적으로 어려움을 느끼지 않는 삶 등 안전하고 안정된 생활에 대한 욕구다. 질병이나 사고 등에 대한 사회적 인프라는 이를 충족하는 요인에 포함되며, 현대사회에서는 대부분 충족된 욕구 단계라고 할 수 있지만 물론 여전히 이마저도 충족하지 못하고 사는 사람들도 많다.

안전 욕구가 충족되면, 다음은 '소속과 애정의 욕구love and belonging'다. 사회의 일원으로 받아들여지기를 바라고, 회사, 가족, 국가 등 어느 집단에 귀속하고 싶다고 느끼는 욕구다. 이 욕구가 충족되지 않으면 사람은 고독이나 사회적 불안을 느끼게 된다. 여기까지의 욕구는 외적으로 충족되고 싶다는 마음에서 나오는 욕구다.

사회적 욕구가 채워지면 '존중의 욕구esteem'를 추구하게 된다. 집단에서 자신이 가치 있는 존재로 인정받고 존중받

기를 원하는 욕구가 싹튼다. 여기서부터는 외적이기보다는 내적으로 충족하려는 욕구로 바뀐다.

이 욕구에는 두 단계가 있다. 낮은 단계의 내적 욕구는 타자 존경 욕구이며, 지위, 명성, 권위, 주목 등을 얻음으로써 충족할 수 있다. 물질만능주의자는 이 단계에서 만족을 얻을 수 있다. 높은 단계의 내적 욕구는 자기 존중의 욕구이며, 타자보다 자기 자신의 평가를 중시하고, 기술이나 능력의 습득, 자기신뢰감, 자립성 등을 얻음으로써 욕구가 충족된다.

높은 단계의 존중이 충족되면, 마지막으로 '자아실현의 욕구self-actualization'가 생긴다. 자신만의 고유한 삶을 살기를 바라고, 자기 능력을 최대한 발휘해 꿈을 실현하고 싶다고 느끼는 욕구다. 그렇기 때문에 자신의 잠재력을 극대화하여 자아를 완성하려 하며, 모든 행동의 동기가 이 욕구에 귀결된다.

매슬로의 이론이 설명하듯이 니즈에는 우선순위와 단계가 있으며, 낮은 수준의 니즈가 충족되면 더 높은 수준의 니즈로 옮겨간다. 마케팅에서는 자사의 상품이나 서비

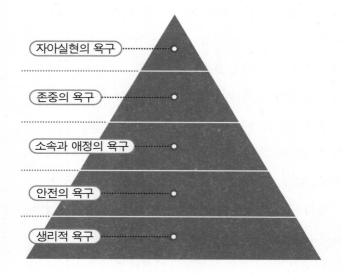

스가 이들 욕구 중 어느 단계를 충족시킬 수 있는지 파악함으로써 상품의 프로모션 방법이나 고객이 추구하는 혜택에 대해 검토하고 대응 전략과 전술을 세울 수 있다. 또한 타깃의 욕구가 형성된 시기, 예를 들면 전쟁 중, 전쟁 전, 경제성장기, 경제침체기 등에 따라 그 타깃의 기본적인 욕구 단계를 검토한다.

'밥을 먹는다'라는 니즈를 생각해보자. 밥을 먹는 것은 살아가기 위해서 필요한 니즈라고 할 수 있다. 아마 많은 사람들이 '당연한 니즈'라고 생각할 것이다. 그렇다면 이것을 이렇게 써보면 어떨까? '내가 좋아하는 명품쌀을 고슬고슬하게 지어, 반질반질한 마루와 옻칠된 탁자 위에 유기그릇으로 상을 차려 친한 사람들과 함께 먹는다.' 이렇게하면 더 이상 살기 위해 먹는 니즈가 아니게 된다. 이는 '밥을 먹는다'는 것이 단순히 살기 위해서가 아닌 선진국 사람들의 니즈를 잘 나타내고 있다.

이처럼 선진국 사람들에게는 낮은 단계로 여겨졌던 니즈가 높은 단계의 니즈로 나타날 수 있다. 즉 예전처럼 욕구가 단계적으로 채워지는 것이 아니라 각 단계에서 상위

수준의 니즈가 복잡 다양하게 얽히는 시대가 되었다고 할
수 있다. 이런 복잡한 니즈를 발견하지 않고서는 새로운
기획을 할 수 없다.

니즈를 파악하는 두 가지 방향

'나무에 구멍을 뚫는다'는 니즈에 대해 생각해보자. 이는 두 가지 방향으로 생각할 수 있다. 하나는 '왜, 무슨 목적으로 나무에 구멍을 뚫는가?'라는 목적을 생각하는 방향, 또 하나는 '나무에 구멍을 뚫기 위해서는 어떻게 해야 하는가?'라는 수단을 생각하는 방향이다.

'왜, 무슨 목적으로 나무에 구멍을 뚫는가?'라는 질문에 대한 대답이 '두 나무에 구멍을 뚫어 볼트를 끼워서 접합하기 위해서'였다고 하자. 이는 두 나무를 접합하는 하나의 아이디어다. 만약 두 나무를 접합하기 위해서라면 나무를 뚫지 않아도 접착제로 붙이는 방법도 있다. 이처럼 목적을 생각하면 하나의 니즈에도 다양한 아이디어가 나온다.

다음으로 '나무에 구멍을 뚫기 위해서는 어떻게 해야 하는가?'라고 물어보겠다. 이는 수단을 생각하는 방향이다. 대답 중 하나는 '나무에 드릴로 구멍을 뚫는다'이다. 이를 위해서는 드릴이 필요하지만 드릴이 없는 사람도 있을 것이다. 어떻게 해야 할까? 예를 들어 '송곳으로 작은 구멍을 뚫고, 그 구멍을 칼로 넓힌다'와 같은 아이디어를 생각해볼 수 있다. 이처럼 어떤 니즈를 실현하기 위한 수단도 다양하게 생각해볼 수 있다.

하나의 니즈에 대해 목적이나 수단을 생각하면 다양한 아이디어가 나온다. 니즈는 아이디어의 원천이다. 그리고 아이디어는 니즈를 충족해야 한다. 바꿔 말하면 사람들이 원하는 것을 실현하는 아이디어가 곧 니즈를 충족하는 아이디어다.

아이디어를 번쩍번쩍 떠올릴 수 있는 사람은 없다. 반드시 어떠한 과제나 문제가 있기 마련이고, 그에 대해 해결책이나 대응책으로 활용할 만한 아이디어를 생각해야 하기 때문이다. 그리고 과제나 문제는 니즈와 같은 뜻이다. 예를 들어 '나무에 구멍을 뚫는다'는 니즈이자 과제다. '교통사고가 증가하고 있다'는 문제에 대해서는 '교통사고를 줄인다'는 과제인 니즈로 변환해서 문제를 해결할 아이디어를 생각해나간다. 아이디어를 내기 위해서는 니즈를 찾아야 한다.

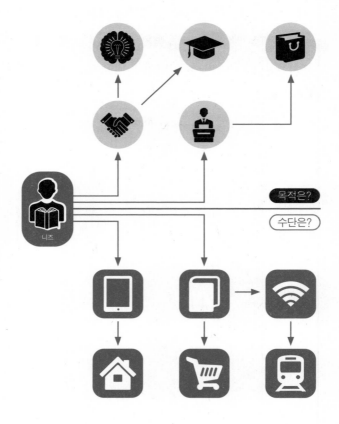

목적은?

수단은?

니즈

필요는 발명의 어머니

'필요는 발명의 어머니'라는 말에 대해 한번 생각해보자. 볼펜은 지금은 어디에나 있고, 누구나 사용하는 지극히 일상적인 필기구다. 이 볼펜은 어떠한 경위로 만들어졌을까?

볼펜의 이전 모델은 만년필이었다. 먼 옛날의 만년필은 펜촉에 잉크를 묻혀서 사용했기 때문에 잉크와 펜이 분리되어 있어 상당히 불편했다. 그래서 '잉크와 펜을 하나로 합쳐서 사용한다'는 니즈가 탄생해 잉크병이 달린 만년필이 개발되었다. 하지만 초기의 만년필은 잉크가 뚝뚝 흘러

서 서류가 얼룩진다는 단점이 있었다. 즉 잉크가 새지 않
도록 할 필요가 있었다. 이것을 최초로 개발한 사람이 만
년필로 유명한 '워터맨', 루이스 에드슨 워터맨이다. 하지
만 만년필은 잉크를 수시로 보충해야 한다. 그래서 '잉크
를 자주 보충하지 않고 사용할 수 있는 펜'이라는 니즈가
생겼다. 그리하여 만들어진 것이 볼펜이다. 이것이야말로
'필요는 발명의 어머니'라고 할 수 있다.

하지만 이 이야기를 조금 더 깊이 파고들어보자. 만년
필의 가장 중요한 기능은 '글씨를 쓰는 것'이다. 즉 반드시
필요한 니즈는 잉크와 펜으로도 충족된다. 그렇게 생각하
면 만년필의 잉크가 새지 않도록 한 것은 반드시 필요해서
라기보다 그렇게 되면 '더 편리해진다', '사용하기 쉽다'는
욕구를 충족하기 위한 개선책으로서 개발되었다고 할 수
있다.

비행기, 자동차, 내연기관, 전구, 축음기, 반도체 등은
그것이 꼭 필요해서 탄생한 것이 아니라 누군가가 '이런 것
이 있으면 ○○이 가능해진다'는 숨은 니즈를 찾아내어 탄
생한 발명품이라고 할 수 있다. 꼭 필요해서 특정한 목적

을 지니고 어떠한 도움을 주기 위해서 탄생한 것이 아니었고, 소비자가 없으면 안 된다는 필요성을 느낀 것도 시간이 한참 지나고 나서다.

숨은 니즈의 실현은 세상에 대변혁을 일으켜 사람들에게 행복을 선사한다. 숨은 니즈를 모든 사람이 알게 됨으로써 널리 알려진 니즈가 되고, 그 니즈를 실현하기 위해서 많은 연구 개발이 이루어진다. 니즈에도 수준이 있고, 그 분야도 다양하다. 스티븐슨이나 에디슨과 같은 발명은 상당히 높은 수준의 니즈 창출이지만, 예를 들어 '양념통 뚜껑을 한손으로 열 수 있도록 한다'는 기능이나, '운송업자가 택배를 고객의 집까지 발송한다'는 기능도 숨은 니즈를 찾은 예라고 할 수 있다.

양념통 뚜껑에 관한 니즈를 생각해보자. 요리할 때마다 양념통 뚜껑을 열었다 닫아야 하는 수고를 덜고 바로 사용할 수 있으면 좋겠다고 생각한 사람은 많았을 것이다. 그것을 니즈로 표현하면 '양념을 사용하고 싶을 때 바로 사용하고 싶다'가 된다. 이 니즈는 주로 음식점에서는 당연한 니즈여서 큰 접시나 병 또는 통에 양념을 담아 주방 앞에

둠으로써 이 니즈를 충족시키고 있었다.

하지만 일반 가정에서는 그 정도로 자주 사용하는 물건이 아니기 때문에 뚜껑을 열어놓은 채로 두거나, 용기에 담은 채 방치해 습기가 차거나 산화되어 상하게 된다는 문제가 있었다. 그래서 제조업체들은 뚜껑이 완전히 밀폐되는 병을 제공했지만, 요리할 때마다 뚜껑을 돌려서 여는 것은 아무래도 번거로웠다. '양념을 사용하고 싶을 때 바로 사용한다'는 니즈를 충족하지 못하고 있었다. 그래서 한손으로 탁 누르면 양념이 나오는 뚜껑을 개발해 한손으로도 양념을 사용할 수 있게 함으로써 '양념을 사용하고 싶을 때 바로 사용한다'는 니즈가 충족되었다.

한손으로 열 수 있는 양념통 뚜껑이나 운송업자가 택배를 고객의 집까지 발송해주는 서비스와 같은 니즈는 현대인에게는 필요불가결하며, 심지어 우리 삶에서는 이미 당연시되고 있다. 이와 같이 세상에는 아직 발명되지 않은 숨은 니즈가 많다. 그 니즈를 충족시키는 일은 앞으로 풍요로운 세상을 만들기 위해 꼭 필요한 것이 될 가능성이 있다.

또한 숨은 니즈는 스티븐슨이나 에디슨과 같은 발명가,

또는 연구 개발자나 대학 교수뿐만 아니라 마을의 작은 공장이나 가게에서 일하는 사람, 혹은 개인도 발견할 수 있고, 발견하면 상당히 좋은 일이 일어난다.

제4장

시즈 사고법

니즈를 실현하는 씨앗

이 장에서는 시즈에 대해 자세하게 알아본다. 앞서 설명한 대로 '시즈seeds'는 씨앗이라는 뜻의 영어 단어다. 그 의미가 비즈니스 차원에서는 어떻게 설명되고 있는지 한번 살펴보고 넘어가자.

■ 비즈니스용어사전

기업이 가지는 사업화, 제품화의 가능성이 있는 기술이나 노하우를 가리킨다. 시즈의 상태는 그야말로 '씨'의 상태이며, 그 상태로는 고객에게 제공할 수 없다. 시즈를 구체적으로 제공할 수 있는 형태로 가공한 것이 제품이나 서비스이며, 시즈를 고객 니즈에 부합하는 제품이나 서비스로 전환하는 것이 중요하다.

■ 마케팅용어사전

기업이 가진 '기술, 노하우, 아이디어, 인재, 설비' 등 고객 시점에서의 상품 개발이 니즈를 중시하는 데 반해, 생산자 지향적인 상품 개발에서 중요시되는 것이 시즈다. 소비자가 충족된 상태인 현대 비즈니스에서는 니즈 지향(소비자 지향) 마케팅이 중심이 되어 있지만, 새로운 시장을 창출하고 그 시장에서 장기적으로 자리 잡은 상품은 시즈 지향으로 산출된 경우가 매우 많다고 할 수 있다. 단 시즈 지향으로 상품을 개발하는 경우에도 늘 소비자를 시야에 둔 개발이 필요하며, 니즈 지향 이상으로 마케팅의 중요성은 높다고 할 수 있다.

비즈니스와 마케팅 분야에서 시즈는 그 상태로 소비자에게 제공할 수 없지만, 새로운 제품화나 서비스화의 가능성이 있는 기술 또는 노하우를 의미하는 듯하다. 학술적으로는 '기업 등이 가진 기술·재료·노하우'를 말한다.

다시 한 번 정리하자면 시즈란 '기업 등이 가진 기술·재료·노하우이며, 니즈를 실현하는 근간이 된다'고 할 수 있다. '니즈를 실현하는 근간이 된다'는 점이 중요하다. 그런 시즈를 기반으로 하여 상품 개발 등을 추진하는 것이 시즈 사고다.

시즈 사고에서 나오는 혁신

시즈 사고의 근간은 새로운 기술이나 새로운 소재에 국한되지 않는다. 노하우가 시즈가 되는 경우도 있다.

페이스북은 2004년에 마크 저커버그가 하버드대학교 내에서 여학생의 외모를 평가해서 토너먼트 투표를 하기 위해 만든 '페이스매시Facemash'라는 게임에서 시작되었다. 그리고 그 시스템(노하우)을 사용하면 학생들이 정보를 쉽게 공유할 수 있다는 점을 활용해서 페이스북 서비스를 시작했다.

또 데이터 공유 기능을 이용해서 얼굴 사진이나 이름뿐

만 아니라 취미나 관심사 등의 정보도 주고받아 많은 친구를 사귈 수 있도록 했다. 그러자 페이스북에 얼굴 사진을 올림으로써 자신을 알리고 짝을 만나기에 좋다며 학생들이 줄줄이 가입하기 시작했다.

이처럼 '가능한 것'을 발견하고 창출하는 것이 시즈 사고다. 그 시즈로 무엇을 할 수 있는가를 생각함으로써 '숨은 니즈'를 실현하는 제품과 서비스가 탄생한다.

시즈 사고로 탄생한 발명이 세상을 뒤바꾼 또 다른 대표적인 예로 발광다이오드light emitting diode, LED를 들 수 있다. 처음에는 적색과 녹색 LED가 개발되어 신호기나 조명, 장난감 등에 사용되었다. 또한 청색 LED가 실용화됨에 따라 빛의 3원색이 갖춰져 LED로 백색광을 내는 것이 가능해졌으며, LED 전구가 사무실이나 가정의 조명 기구로 확대되었다.

또한 LED 연구로 탄생한 기술을 이용해서 CD나 DVD 등의 전자제품이 만들어졌다. LED는 1962년 제너럴일렉트릭GE의 기술자 닉 홀로니악이 최초로 개발했다. 초기 LED는 적색 발광뿐이었지만, 이 개발이 연구에 불을 붙여 그 결과 다채로운 LED가 개발되었다. 홀로니악은 "내가 참가했을 때에는 무슨 일이 일어날지 전혀 알지 못했다"고 말했다.

홀로니악은 일리노이대학교 반도체 연구소의 박사과정 학생으로서 반도체 연구를 시작했다. 1954년에 박사 학위를 취득한 홀로니악은 벨 연구소 등을 거쳐 GE의 연구소에 들어가게 된다. 당시 GE에서는 이미 반도체의 용도에 대한 연구가 이루어지고 있었고, 뉴욕주 스키넥터디에 있는 GE 연구소에서는 기술자 로버트 홀이 다이오드 레이저의 연구를 이끌고 있었다.

이 연구소에서 홀과 홀로니악은 전기를 가하면 반도체가 눈에 보이는 빛을 포함한 방사선을 방출한다는 사실을 깨달았다. 하지만 그것은 아주 약한 빛이어서 그 빛을 강화하려 했다. 그리고 그 빛을 강화하는 데 성공한 홀이 세계 최초의 반도체 레이저를 개발했다. 만약 이 개발이 없었더라면 CD나 DVD는 탄생하지 못했을 것이다.

홀은 아마 자신의 발명이 설마 CD나 DVD와 같은 물건에 사용될 줄은 꿈에도 몰랐을 것이다. 그들은 그저 '반도체를 레이저로 변환하는 방법'을 발견하고 개발했을 뿐이다.

이 시점에서의 반도체 레이저는 눈에 보이지 않는 적외선밖에 발광하지 못했다. 그 후에도 홀로니악은 반도체가 방출하는 눈에 보이는 빛을 탐구하여 1962년 가을에 첫 발광에 성공했다.

이때 홀로니악은 전류를 빛으로 직접 변환하는 새로운 방법을 발견해 궁극의 조명을 개발한 것이다. 후에 홀로니악은 적색 LED가 LED 개발의 시작이었으며, LED가 백색광의 광원이 되기까지 10년이 걸릴 것으로 예상했는데 실제로는 예상했던 것보다 훨씬 더 많은 시간이 필요했다고 말했다.

이제 그 LED의 개발 주제와 개발 목표를 어떻게 찾고 설정했는지 알아보자. 먼저 반도체의 용도에 대한 연구가 시작되었고, 그 주제는 '반도체의 성질을 이용해서 무엇을 할 수 있는가?'였다. 이를 위해서는 반도체의 성질을 알 필요가 있었고 연구 끝에 발견한 성질이 '반도체에 전기를 가하면 눈에 보이는 빛을 포함한 방사선을 방출한다'는 성질이었다.

다음으로 '이 성질을 사용해서 무엇을 할 수 있는가?'에 대해 살피게 되었다. 그리고 '반도체로 레이저를 발광할 수 있다'는 것을 생각하고 연구 끝에 그것을 달성했다. 나아가 '반도체로 레이저를 발광할 수 있으면 무엇이 가능해지는가?' 하는 생각 끝에 '반도체에 의해 눈에 보이는 빛을 발생시킬 수 있다'는 것을 개발 주제로 하여 LED의 개발이 진행되었다고 할 수 있다.

이처럼 최초의 시즈의 성질에 착안하고, 그 성질을 이용하여 '무엇이 가능해지는가?'를 살피는 것이 개발 주제를 찾기 위한 발상법의 기본이다.

지금 실용화를 위한 기술 개발이 한창인 시즈 사고의 예도 소개한다. 탄소나노튜브carbon nanotube, CNT다. CNT는 탄소에 의해 만들어지는 육원환six-membered ring(6원자로 구성된 고리식 구조) 네트워크가 관 모양으로 된 물질이다.

CNT에 대한 최초 연구는 1952년에 두 러시아 과학자가 시작했다고 알려져 있다. 하지만 당시는 냉전 중이었기 때문에 소비에트 연방 외에는 알려지지 않고 방치되어 있었던 모양이다. 그로부터 20년 이상이 지난 1976년 프랑스에서 탄소나노튜브의 존재와 그 성장 모델이 제시되어 양산법과 실용화 연구가 이루어졌다. 그리고 1991년이 되자 드디어 구조가 해명되었다.

CNT의 이용 범위는 다양하다. 가장 기대되고 있는 것이 가볍고 강하고 부드러운 탄성을 가짐으로써 가능해지는 제품에 대한 활용이다. 예를 들어 우주 엘리베이터, 초고층 빌딩 등 종래의 소재로는 실현하지 못했던 구조물에 대한 응용이 고려되고 있다. 또한 CNT는 실리콘을 대신하는 반도체 소재가 될 수 있다. 또한 전도성이 좋고 표면적이 커서 연료 전지로도 응용되고 있다. 두께를 얇게 할 수 있으므로 페이퍼형 배터리로도 고려되고 있 다.

이처럼 많은 성질을 가진 CNT는 여전히 미지의 성질이 있을 것으로 보고 추가적인 이용 가치를 찾기 위해 연구가 이루어지고 있다.

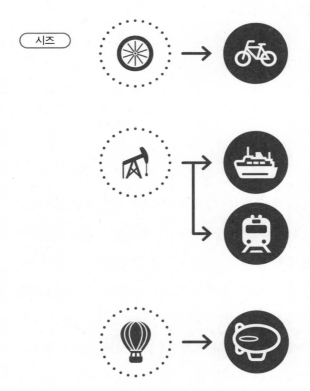

'완성된 기술'이 '원했던 기술'로 변신하다

　　LED 개발에서는 홀과 홀로니악이 LED의 숨은 성질을 발견하고 그 성질을 사용하여 무엇을 할 수 있을지 생각한 결과 실용적인 기능을 발휘할 수 있게 되었다. 개발 초기에는 '반도체로 빛을 발생시킨다'는 기능은 무엇에 도움이 되는지 모르는 기술(시즈)이었을 것이다.

　　그 후 그 기술이 '적은 전력으로 다양한 밝은 색의 빛을 발생시킨다'는 니즈를 실현한다는 것이 명확해졌고, 그 목적을 달성하기 위해 수많은 연구가 이루어졌다. 마침내 청색 LED가 개발 및 실용화되고, LED 전구는 순식간에 그 니즈를 꽃피웠다. 이처럼 홀과 홀로니악에 의해 '완성된 기술'이 새로운 니즈를 창출했다.

이 이야기를 정리하면 다음과 같은 순서로 니즈에 대응했다는 것을 알 수 있다.

① 처음 시즈는 무엇에 사용할 수 있을지 몰랐다.
② 그 시즈를 사용하면 무엇이 가능해지는지 알기 시작했다.
③ 가능한 것 중에서 니즈가 될 만한 것을 창출했다.
④ 니즈가 될 만한 것을 연구하여 그 시즈를 개발했다.
⑤ 시즈를 실용화하여 니즈를 실현했다.

이러한 과정은 처음에는 무엇에 사용될지 몰랐던 기술·재료·노하우 등을 그것이 가능해지면 무엇을 할 수 있는지 생각함으로써 니즈가 될 만한 것을 발견하고 창출할 수 있다는 것을 보여준다. 이는 개발 주제를 발견·창출하는 사고방식과 같으며, 시즈에서 생각해낼 때 가장 효율이 좋은 사고 전개라고 할 수 있다.

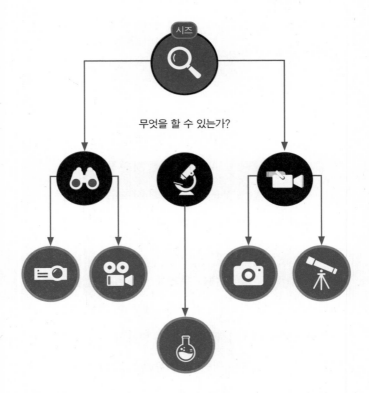

무엇을 할 수 있는가?

다른 사람이 만든 기술도
시즈가 된다

시즈 사고로 탄생한 획기적인 상품이나 기술혁신을 보면 어떠한 사실을 깨닫게 된다. 바로 그 기반이 되는 기술·재료·노하우를 처음 만든 사람이 반드시 니즈가 되는 진짜 시즈를 만든 것은 아니라는 점이다.

어쩌면 기반이 되는 것을 처음 만든 사람이 혼자서 모든 과정을 겪으며 새로운 시즈와 니즈를 창출한 예도 있을지 모른다. 하지만 조사해보면 처음 창출부터 니즈 전개까지 혼자서 한 예는 거의 찾아볼 수 없다. 포스트잇, 증기기관차, LED만 봐도 제품화를 실현한 사람과 시즈가 되는 기술을 낳은 사람은 다른 사람이다.

　이 사실이 의미하는 것은 시즈와 니즈를 잘 연결하기 위해서는 시즈를 폭넓게 찾아서 니즈와 매칭하는 것이 중요하다는 것이다. 기술혁신이 일어나는 필요조건은 뭐든지 한 사람이 새로운 것을 만들어내는 것이 아니다. 이미 누군가가 만들어놓은 기존의 시즈를 가지고 숨은 니즈를 충족시키는 방법을 찾는 것이다.

제5장

아이디어를 위한
질문법

아이디어가 넘치는 뇌를 만든다

제2장에서도 설명했듯이 아이디어는 자신이 가지고 있는 지식과 경험을 토대로 만들어진다. 저마다 가진 지식과 지금까지의 경험을 다양하게 조합해서 참신한 아이디어를 생각해낸다. 이들의 지식과 경험을 뇌 속에서 꺼내 새로운 조합의 발견과 창출을 노리는 것이 디자인 사고나 브레인스토밍과 같은 발상법이다. 지식과 경험을 뇌 속에서 환기하고 사칙연산과 같은 조합 과정을 거쳐 새로운 발상을 만들어낸다.

이제부터는 단순한 차문자답을 통해 지식과 경험을 환

기하고 아이디어가 넘치는 뇌(사고) 상태로 만드는 방법을 소개한다. 세 가지 질문을 사용하여 효율적으로 목적의 니즈와 시즈를 발견하고 창출할 수 있는 사고법이다.

아이디어는 '창출'되는 경우도 있고 '발견'되는 경우도 있다. 이 사고법의 기본은 끊임없이 자문자답함으로써 자신의 뇌를 활성화시키는 것이다. 혁신적인 신제품이나 신규 서비스는 물론, 새로운 비즈니스모델이나 업무 시스템, 조직 등을 창출하는 데 도움이 된다. 또한 조직 내 문제 해결이나 자신의 목표 설정, 현재 진행 중인 활동의 목적 확인 등에 활용할 수 있다.

앞에서 설명했듯이 아이디어는 니즈와 시즈의 쌍방에서 시작하는 것이 중요하다. 그 기본이 되는 것이 사고를 전개하는 세 가지 질문이다.

'그것은 무엇을 위한 것인가?'

'그것이 만들어지면 무엇이 가능해지는가?'

'그것을 위해서는 무엇을 해야 하는가?'

이 질문을 반복해서 자신이 생각한 답을 계속해서 전개해나간다. 구체적인 방법은 뒤에서 설명하기로 하고, 먼저 개요를 살펴보겠다.

세 가지 질문

무엇을 위한 것인가? ——— 목적

무엇이 가능해지는가? ——— 가능성

무엇을 해야 하는가? ——— 수단

제 5 장 아이디어를 위한 질문법

아이디어는 말로 기술되고 발전한다

아이디어를 생각할 때는 말로 생각해야 한다. 그림이나 도면으로도 표현할 수 있겠지만 대개의 경우는 말로 기술한다. 업무 기획안을 작성하거나 신제품 사용법을 생각할 때는 말로 기술해야 한다.

왜 말로 기술해야 할까? 설계도여도 될 것이고 사물의 순서를 그림으로 그려도 될 텐데 말이다.

여기서 그림이나 도면만으로 자신이 생각한 기획안을 다른 사람에게 전달해보겠다. 예를 들어 포스트잇의 기획안을 그림으로 그려서 전한다고 하자. 먼저 책갈피 그림을 그리고, 풀칠된 부분을 다른 색으로 표시한다. 다음으로 그것을 어딘가에 붙인 그림을 그린다. 또 그것을 떼어낸 그림을 그린다. 대략 이런 그림이 되지 않을까 싶다. 이 그림들을 보고 사람들은 '붙였다 뗐다 할 수 있는 풀이 미리 발려 있고, 다양한 곳에 붙였다 뗄 수 있는 책갈피'임을 바로 알 수 있을까? 아마 상당히 어려울 것이고, 모든 사람이 똑같이 이해하기란 무척 어려울 것이다.

그러므로 아이디어를 생각할 때는 말로 생각하고 말로 기술할 필요가 있다. 처음 물음에서 나온 새로운 말에 대해 같은 물음을 던진다. 그리고 또 새로운 말이 나오게 한다. 그것이 사고 전개다.

그 말에 의한 기술을 이 책의 사고 전개법에서는 '기능 표현'이라고 부른다. 자세하게는 뒤에서 설명하겠지만, 니즈로서 요구되는 기능 혹은 시즈의 기술이나 노하우 등을 제공할 수 있는 기능을 표현한 것이다. 평소에 사용하는 대화나 문장과는 달리 조금 생소하게 느껴질지도 모르지만 금방 적응될 것이다.

상품이나 서비스의 기획안은 파고들면 기능 표현으로

기술할 수 있는 것들이다. 그 기능 표현을 다양한 시점에서 발전시키고 추리고, 구체적인 아이디어로 결실을 맺기 위한 사고법의 기본이 '그것은 무엇을 위한 것인가?', '그것이 만들어지면 무엇이 가능해지는가?', '그것을 위해서는 무엇을 해야 하는가?' 하는 세 가지 물음이다.

세 가지 질문을 기억하라

'무엇을 위한 것인가?'라는 물음을 던지는 방법은 '목적 전개'라고 불리는 사고 전개법이다. 우선 간단한 예를 살펴보자. 예를 들어 '책을 읽는다'는 목적에 대해서 '무엇을 위한 것인가?'라고 물어보겠다.

'무엇을 위해서 책을 읽는가?'라고 물으면 '재미있어 보여서', '화제가 되고 있으니까', '추천 받아서'라고 대답하는 사람이 많으리라 생각한다. 보통은 이렇게 누군가와 대화하듯 대답할 것이다. 하지만 사고 전개의 물음은 누군가와

즐겁게 대화를 하기 위한 물음이 아니다. 스스로 아이디어를 찾기 위한 '자문자답'이다.

그러므로 '무엇을 위해서'에 대한 내용을 최대한 구체적으로 생각하는 것이 중요하다. '읽는다'는 게 어떤 것인지, '재미있어 보인다'는 의미가 무엇인지, 이렇게 의식적으로 분석해보기 바란다.

무엇을 위해서 책을 읽는지 물었을 때 재미있어 보여서라고 대답하는 것은 솔직한 대답이라고 생각할 수 있겠지만, 아이디어 발상을 위해서는 그 말뜻을 분해해서 최대한 구체적으로 세밀하게 생각해야 한다. 일일이 '어떤 것인가?'를 확인하는 것이 중요하다. 이때 자신의 '재미있어 보인다'는 감각을 시작으로 해서 계속해서 독특한 대답을 생각해야 한다.

자신의 감각이나 지식, 경험을 토대로 의미를 분해하거나, 단어에 수식어를 붙이면서 '읽는다', '재미있어 보인다' 등의 익숙한 표현에 대해 깊이 파고드는 것이다. 일상 대화처럼 생각하면 도움이 안 된다.

책을 읽는다.

　　→ 무엇을 위해서?

그 책에 적혀 있는 내용을 이해한다.

　　→ 무엇을 위해서?

그 책에 적혀 있는 내용을 지식으로서 흡수한다.

　　→ 무엇을 위해서?

얻은 지식을 이용하여 새로운 제품을 기획한다.

이처럼 '무엇을 위해서?'라고 묻다보면 사람의 행동에 숨겨진 니즈를 발견할 수 있다. 이 예시에는 신제품 기획에 도움이 되는 지식을 얻을 수만 있다면 '책'은 읽지 않아도 된다. 숨은 니즈를 발견하기 위해서는 무엇보다 먼저 '무엇을 위한 것인가?'라고 묻는 것이 가장 중요하다.

목적 전개는 상위 목적을 추구하고 원래 목적에서 새로운 니즈를 발견하고자 하는 사고법이다. 생각해내야 하는 니즈에는 수준이 있다. 발명으로 이어질 만한 것부터 현재 문제나 과제를 해결하는 것까지 다양하다. 어떤 수준의 니즈든 현재 니즈를 포함하고 그보다 높은 수준의 니즈가 준

비되어 있어야 한다.

재미있고 독특한 전개를 하기 위해 가능한 한 많은 전개를 펼쳐보자. 길을 가다가 눈에 들어오는 것에 대해 '무엇을 위한 것인가?', '목적은 무엇일까?'라고 생각하기만 해도 사고가 단련된다.

'무엇을 위한 것인가?'라는 물음을 반복하는 목적 전개에서는 숨은 니즈를 찾는 것에 목표를 둔다. 여기서 다시 한 번 숨은 니즈에 대해 생각해보자. 제3장에서 설명했듯이 숨은 니즈에는 두 종류가 있다.

(A) 전혀 깨닫지 못한 니즈

(B) 요구가 있지만 불가능하다고 여겨지는 니즈

먼저 (B) 이야기부터 해보겠다. '요구가 있지만 불가능하다고 여겨지는 니즈'는 그것을 실현하고 보급하는 것이 중요하다. 이른바 기술 개발, 조사 연구, 조직 매니지먼트 등을 통해서 가능케 하고, 그것을 마케팅 활동 등을 통해서 보급하면 실현 가능해진다.

이렇게 말하면 퍽 대수롭지 않은 일처럼 느껴질 것이다. 하지만 어떤 기술을 개발하고, 어떤 조사와 연구를 하고, 어떤 조직을 만들어야 할까? 무턱대고 개발해도 그것이 니즈와 전혀 상관없는 것이라면 그동안 해왔던 연구는 물거품이 된다. 그러므로 '무엇을 개발해야 하는가?', '어떻게 개발해야 하는가?'와 같이 니즈를 실현하는 이상적인 수단을 명확하게 하는 것이 중요하다.

이 책에서 소개하는 사고 전개법은 (A)의 '전혀 깨닫지 못한 니즈'를 발견 또는 창출하도록 돕는다. 그러면 '요구가 있지만 불가능하다고 여겨지는 니즈'가 된다. 그리고 그 니즈를 실현하는 이상적인 수단을 발견 또는 창출한다.

그렇다면 '전혀 깨닫지 못한 니즈'를 발견 또는 창출하기 위해서는 어떻게 해야 할까?

마차에 대한 아이디어를 떠올리려 하면 말을 사용한 물건의 연장선상에서밖에 발상이 나오지 않는다. 즉 자동차는 탄생하지 않는다. 그러므로 마차의 관점에서 생각할 게 아니라 그것의 본질을 생각하고 이상적인 것을 생각할 필요가 있다.

그러면 어떻게 이상적인 것을 생각하면 좋을까?? 그것의 '기능' 즉 그것이 '무엇을 하고 있는가', '무엇을 하기 위해서 존재하는가' 등 그것을 사용하는 목적의 본질을 추구하면 된다. 최대한 본질적인 목적을 알고 그 목적을 달성할 수 있는 아이디어를 내는 것이 바로 이상적인 것이라고 할 수 있다.

다시 말하면 현재 존재하는 것에 사로잡혀서 그 기술 또는 노하우의 연장선상으로만 생각하지 말고, 그것이 지향하는 목적을 파악해서 현재 존재하는 것 이상의 기술이나 노하우도 생각하자는 것이다. 기존의 기술이나 노하우에도 지금 상태보다 더 이상적인 목적이 있을 수 있으므로, 최대한 이상에 가까운 목적을 추구함으로써 지금까지 아무도 생각하지 못한 니즈를 발견 또는 창출할 수 있다.

'무엇을 위한 것인가?'라는 물음을 반복하는 목적 전개에서는 이상적인 목적을 추구함으로써 지금까지 깨닫지 못한 니즈를 찾게 되고 나아가 그 니즈를 실현하는 이상적인 수단을 발견 또는 창출할 수 있다.

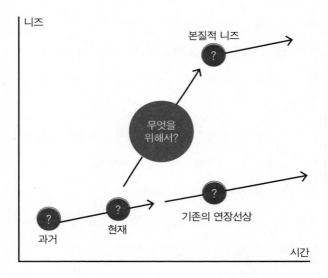

다음으로 '그것이 만들어지면 무엇이 가능해지는가?'라고 물어보자. 이것을 '가능성 전개'라고 부른다. 예를 들어 '스마트폰에 메모한다'는 개념부터 시작해보자. 여기서도 사람의 행동이나 감정 등에 깊이 파고들어야 한다.

스마트폰으로 메모할 수 있다.

　　→ 그것이 만들어지면 무엇이 가능해지는가?

메모한 것을 나중에 볼 수 있다.

　　→ 그것이 만들어지면 무엇이 가능해지는가?

필요한 정보를 바로 꺼내서 볼 수 있다.

이처럼 '가능성 전개'에서는 이미 존재하는 기술 즉 시즈에서 아이디어를 펼쳐서 사고를 전개한다. '만들어진 기술'의 활용 방법을 찾을 때 도움이 된다. 소비자에게 제공할 수 있는 가치를 찾아 시장을 창출 또는 확대할 가능성을 열 수 있다. 이 시즈가 숨은 니즈와 매칭되면 획기적인 제품이나 서비스를 제공하는 것이 가능해진다.

제1장에서 포스트잇 이야기를 했다. 처음에 만들어진 것은 '쉽게 떨어지지만 다시 붙일 수 있는 풀'이었다. 그래서 3M의 연구자 스펜서 실버는 그것이 만들어지면 무엇이 가능해지는지 고심하며 사람들에게 물어보고 다녔다. 그러다가 아서 프라이가 찬송가의 페이지에 끼우는 책갈피가 떨어지는 것을 보고 '책갈피에 떼어지는 풀이 발려 있으면 안 떨어지게 할 수 있다'고 생각한 것을 발단으로 포스트잇이 탄생했다.

만들어졌지만 무엇에 사용할 수 있을지 모르는 기술이나 앞으로 만들어질 예정이지만 무엇에 사용할 수 있을지 모르는 노하우 등이 묻힌 채 방치되고 있는 일은 자주 있다. 그것을 어떻게 사용할지 무엇에 사용할 수 있을지를 생각하고 또 생각하면 어떠한 발견이나 사상과 만났을 때 비로소 영감이 떠오른다. 새로운 시즈를 생각하기 위해서 '만들어진 기술이나 앞으로 만들어지는 노하우를 사용해서 무엇을 할 수 있는가?'라는 자문자답을 끊임없이 반복함으로써 높은 창조성을 발휘할 수 있다.

그것이 만들어지면 무엇이 가능해지는가 하는 물음은

새로운 시즈를 발견하고자 하는 사람이라면 절대로 소홀히 해서는 안 되는 기본적인 질문이다.

〔Q3〕 '무엇을 해야 하는가?'

마지막으로 '그것을 위해서는 무엇을 해야 하는가?' 하고 물어보자. 이것을 '수단 전개'라고 부른다.

'목적 전개'에서 숨은 니즈를 발견하고 '가능성 전개'에서 자신들이 제공할 수 있는 시즈를 창출하고, 그 니즈와 시즈를 매칭시켜서 새로운 아이디어가 나왔을 때 '그것을 위해서는 무엇을 해야 하는가?'라는 물음이 중요한 역할을 한다. 지금까지 앞의 두 물음에서 나온 니즈나 시즈를 실현하기 위한 수단을 찾는 데 사용한다.

또한 지금은 실현하지 못하는 니즈나 시즈를 출발점으로 해서 '수단 전개'를 함으로써 기술 로드맵이나 개발 계획 등을 작성하는 데에도 도움이 된다.

앞서 '목적 전개'에서는 '책을 읽는다'에서 '얻은 지식을 이용하여 새로운 제품을 기획한다'로 바뀌었지만, 여기서 '수단 전개'를 해보면 예컨대 다음과 같이 된다.

얻은 지식을 이용하여 새로운 제품을 기획한다.

→ 그것을 위해서는 무엇을 해야 하는가?

얻은 지식을 이용하여 새로운 제품을 발상한다.

→ 그것을 위해서는 무엇을 해야 하는가?

얻은 지식을 이용하여 새로운 제품으로 이어지는 기술을 발상한다.

→ 그것을 위해서는 무엇을 해야 하는가?

많은 지식을 흡수하여 새로운 것을 찾는다.

많은 지식을 흡수하는 만큼 새로운 제품을 기획할 가능성도 커진다고 할 수 있다.

세 가지 사고 전개를 통합한다

여기서 다시 포스트잇을 예로 생각해보자. 포스트잇은 숨은 니즈와 시즈가 매칭되어 '탈부착 가능한 메모'라는 아이디어가 떠오르면서 탄생했다.

하지만 이 아이디어가 상품화의 전부는 아니다. 참신한 아이디어를 실현하기 위한 '수단 전개'가 필요하다. '탈부착 가능한 메모를 상품화하기 위해서는 무엇을 해야 하는가?'라고 물어본다. 어떻게 붙이고 어떻게 떼어낼 것인지 세밀하게 수단을 검토해서 전개해나간다.

이 전개에서는 혼자 생각할 필요는 없다. 전문가나 동

료의 지식을 동원하면 가장 좋은 수단을 찾을 수 있을 것이다.

지금까지 살펴본 세 가지 물음을 사용해서 아이디어를 정리하는 흐름을 요약하면 다음과 같은 순서가 된다.

① 아이디어를 내는 목적을 정한다.
② '목적 전개'에서 숨은 니즈를 발견하고, 새로운 니즈를 창출한다.
③ 그 니즈를 충족할 수 있는 숨어 있는 시즈를 '가능성 전개'로 생각한다.
④ 목적 전개와 가능성 전개로 얻은 니즈와 시즈를 매칭시켜 가능성 있는 니즈 안을 생각한다.
⑤ 그 니즈를 어떤 수단으로 실현할지 '수단 전개'로 정리한다.

②, ③은 순서가 뒤바뀌는 경우도 있다. 기술 발전형 기업이나 기술자라면 시즈가 먼저 떠오를 수 있기 때문이다. 이를 정리한 것이 다음 표다.

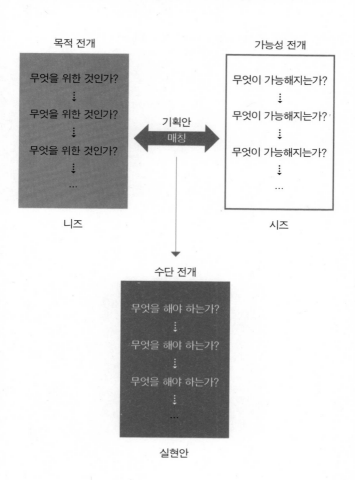

목적 전개

무엇을 위한 것인가?
⋮
무엇을 위한 것인가?
⋮
무엇을 위한 것인가?
⋮
…

니즈

가능성 전개

무엇이 가능해지는가?
⋮
무엇이 가능해지는가?
⋮
무엇이 가능해지는가?
⋮
…

시즈

기획안
매칭

수단 전개

무엇을 해야 하는가?
⋮
무엇을 해야 하는가?
⋮
무엇을 해야 하는가?
⋮
…

실현안

이 표는 각 단계가 하나의 흐름으로 되어 있지만, 실제로 전개할 때는 계속해서 나뉘면서 확대된다. 같은 출발점에서 시작한 전개에서도 여러 개로 나뉜다.

제6장

무엇을 위한 것인가?

상위 목적을 추구한다

이 장에서는 '그것은 무엇을 위한 것인가?'라고 묻는 '목적 전개'를 설명한다. '목적 전개'는 세 가지 전개의 기본이 되는 가장 중요한 전개다.

지금까지 설명해왔듯이 고객의 의견을 듣거나 현재의 기술이나 노하우를 중심으로 생각하면 획기적인 발상이 나오기 어렵지만, 지금 존재하는 것이라 해도 근본적인 목적에 대해 깊이 생각해보면 획기적인 발상이나 문제의 기본적인 해결책을 찾을 수 있다.

예를 들어 당신은 지금 이 책을 읽고 있다. 그 목적은 무엇인가? 그 목적을 이루기 위해서 이 책을 읽고 있을 것이다. 그리고 한층 더 상위의 목적은 무엇인가?

예를 들어 '새로운 획기적인 기획안이 나올 수 있도록 한다'는 상위 목적을 발견했다고 하자. 그러면 이를 실현하기 위해서 무엇을 해야 하는지 생각해보면 굳이 이 책을 읽지 않아도 된다는 사실을 깨닫게 된다.

예를 들면 새로운 기획을 만들 수 있는 사람에게 부탁하면 된다. 또는 현대 기술로는 아직 불가능하겠지만, 새로운 기획안을 만들 수 있는 사람의 사고 프로그램을 자신의 뇌에 이식한다는 방법도 생각해볼 수 있다.

이처럼 상위 목적을 생각함으로써 이상적인 목적이 발견되고, 거기서 획기적인 아이디어가 탄생한다. 우선 이상적인 목적을 찾은 뒤에 현실적으로 실현 가능한 수준으로 수정함으로써 현 시점에서 이상적인 기획안과 해결책을 낼 수 있다.

그 상위 목적, 이상적인 목적을 찾는 방법이 '목적 전개'다. 처음 설정한 사물의 근본적이고 이상적인 목적을 찾기 위해 상위 목적을 생각한다. 이러한 구상을 통해 이제껏 없었던 것, 이상적인 것을 창출할 수 있다.

방법은 지극히 심플하다. '이전에 생각한 목적의 목적은?'이라고 자문하고, 이전의 목적을 자답한다. 그리고 더 나아가 '그 목적의 목적은?'이라고 자문해서 한층 더 상위의 목적을 답한다. 이것을 반복하는 것이 '목적 전개'다.

방법 자체는 매우 심플해서 이해하기 쉽겠지만, 앞으로 설명하는 순서나 규칙, 비결을 사용하지 않으면 평범한 목적밖에 나오지 않는다. 그리고 혁신적인 안이 될 가능성은 상위 목적까지 전개될수록 높아진다.

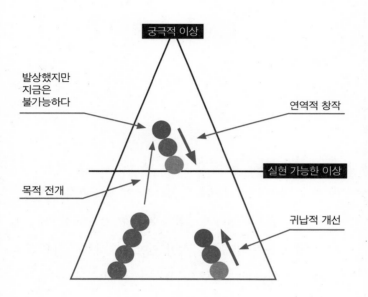

목적의 목적은 무엇인가?

'차'로 '목적 전개'의 예를 들어보자. 이 예는 아직 전개의 여지가 많지만, 여기까지만 해도 새로운 발견을 할 수 있다. 예를 들어 차의 상위 목적이 '편안하게 차를 마시고 싶을 때 마신다'라면 '집뿐만 아니라 외출하거나 이동하면서도 차를 편히 즐긴다'는 니즈를 발견할 수 있다.

차를 끓인다.

　　→ 그것은 무엇을 위한 것인가?

좋아하는 차를 마신다.

→ 그것은 무엇을 위한 것인가?

좋아하는 차를 즐긴다.

　　　→ 그것은 무엇을 위한 것인가?

차를 마시고 싶을 때 편히 마신다.

　　　→ 그것은 무엇을 위한 것인가?

일본 음료 제조업체 이토엔에서는 이 니즈에 착안하여 그동안 아무도 만들지 않았던 녹차캔을 출시했다. 당시 업계에서는 100엔이나 주고 녹차를 사 먹는 사람이 어디 있냐며 회의적인 반응을 보였지만, 지금은 페트병 녹차가 익숙할 정도로 우리 삶에 녹아들었고 해외에서도 판매되기 시작했다. 당시의 녹차캔 기획 발안자는 머릿속으로 '목적 전개'와 비슷한 사고를 펼치지 않았을까 싶다.

이렇게 '목적의 목적은 무엇인가?'라고 자문자답하면 되는데, 무작정 목적을 생각하려고 하면 획기적인 아이디어는 떠오르지 않는다. 획기적인 아이디어를 생각해내기 위한 순서와 규칙이 있다.

목적을 기술하는 방법

여기서 목적을 기술하는 방법에 대해 생각해보자. 예를 들어 'TV 프로그램을 녹화'하는 목적은 무엇인지 생각하면, '한가할 때 녹화한 방송을 본다'는 하나의 답이 나온다. 또 '그 목적은?' 하고 물으면 '좋아하는 영상을 언제든지 편히 즐긴다'는 답이 나온다. 이 답은 사람마다 다르다.

이 답에서 얻은 목적은 달성되어야 할 기능이라고도 할 수 있다. 사고 전개법에서는 목적을 자세하게 기술하는 문장을 '기능 문장'이라고 부른다.

기능 표현이란 'ㅇㅇ(목적어: 명사)를 ㅁㅁ한다(술어: 동사)'라는 표현 형식을 말한다.

예를 들어 '방을 청소한다', '빨래를 넌다', '영상을 찍는다', '정보를 모은다', '물건을 산다' 등은 심플한 기능 표현의 예다. 실제 전개에서는 이들 표현에 다양한 수식어를 붙여서 독자적인 기능 표현을 만든다.

기능 표현이 되기 위해서는 '누군가 또는 무엇인가가 의도를 가지고 행하는 표현', '주어가 붙지 않는 표현'이라는 두 가지 조건을 충족해야 한다. 먼저 '누군가 또는 무엇인가가 의도를 가지고 행하는 표현'의 예다.

짐을 나른다	O
짐이 떨어진다	X
사과를 붉게 익힌다	O
사과가 붉게 물든다	X
빨래를 떨어뜨린다	O
빨래가 떨어진다	X

X처럼 의도를 가지고 행해지지 않는 기술은 기능 표현이라고 할 수 없다.

다음으로 '주어가 붙지 않는 표현'의 예를 보자.

짐을 해외로 발송한다	O
비행기가 짐을 해외로 발송한다	X
하루에 6시간씩 학생을 가르친다	O
교사가 하루에 6시간씩 학생을 가르친다	X

'짐을 해외에 발송한다'는 표현이라면 대상이 비행기로 한정되지 않아 그 외 많은 방법을 떠올릴 수 있다. '비행기'라고 주어를 넣어버리면 기성개념에 사로잡혀 자유롭고 활달한 발상이 저해된다.

또 이 주어의 부분이 목적을 달성하는 주체가 되므로 주어가 되는 부분을 마지막까지 생각하지 않고 전개해나감으로써 상위 목적에서 혁신적인 기획안을 만들 수 있다.

목적어를 기술하는 기능 문장

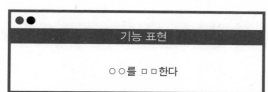

기능 표현

○○를 □□한다

기능 표현의 조건

누군가 또는 무엇인가가 의도를 가지고 행하는 표현

주어가 붙지 않는 표현

대상과 출발점

'목적 전개'는 어떠한 것을 대상으로 하여 진행된다. 전개 대상은 어떻게 정해야 할까? 사실 뭐든 상관없다. 자신이 관심이 있는 것이나 궁금한 점, 문제를 느끼고 있는 점 등 뭐든 좋다.

또는 서비스 기획자라면 '술집의 나무젓가락'이나 '이발소의 수건', '미키마우스(캐릭터)' 등에 주목해서 서비스 기획을 의식하면서 '목적 전개'를 하면 새로운 서비스를 발굴할 수 있다. 전개 대상을 정할 때 중요한 것이 있다.

- 최대한 작은(분해된 요소적인) 것

- 시간적으로 앞의(시작과 최대한 가까운) 것

'최대한 작은 것'이란 예를 들어 '세탁기'보다 '세탁기의 모터'나 '세탁기의 통', '세탁기의 전원'과 같이 부품 등을 대상으로 하면 재미있는 아이디어가 나온다. '집'이 대상이라면 '주방'은 광범위하므로 그중 작은 것, '냄비'나 '주전자' 등에 대해 전개하는 것이다. '레스토랑'이라면 포크나 접시 등 최대한 작은 것을 대상으로 하면 좋다. '먹을거리 장터'라면 '먹을거리 장터에 출점할 포장마차'나 '먹을거리 장터의 전단지' 등으로 하면 좋다.

'시간적으로 앞의 것'이란 일의 순서로 말하자면 '조사한다 → 조사 결과를 분석한다 → 마케팅 계획을 짠다 → 계획 승인을 받는다'와 같이 순서의 앞쪽이 좋다는 뜻이다.

또 무언가를 구입할 때는 '상품 조사 → 스펙 비교 → 조건 비교 → 후보 선정 → 실물 확인 → 가격 확인과 협상 → 구입' 등의 흐름 중에서 앞쪽의 것을 대상으로 하는 것이 좋다. 왜냐하면 대상의 범위가 큰 것은 완성 상태와 가까

워져 그 목적이 되는 기능 표현을 만들면 일반적인 표현이 되기 때문이다. 시간적으로 뒤의 것도 마찬가지다. 그러므로 최대한 작거나 시간적으로 앞의 것에 주목해서 목적을 전개해야 한다.

출발점은 얼마든지 있다

전개 대상을 찾았으면 전개의 출발점이 되는 기능 표현을 기술해보자.

'목적 전개'에서는 출발점으로 삼을 만한 기능 표현을 다양하게 만들 수 있다. 예를 들어 '의자'를 대상으로 전개를 한다면 다음과 같은 기능 표현을 출발점으로 잡을 수 있을 것이다.

출발점 1: 사람을 앉힌다.

출발점 2: 짐을 올려놓는다.

출발점 3: 겉옷을 걸어놓는다.

출발점 4: 발판으로 사용해서 높은 곳의 짐을 꺼낸다.

이처럼 출발점은 얼마든지 더 있을 수 있다. 이러한 표현은 개성이나 지식, 경험에서 비롯된다. 출발점의 기술은 전개하는 사람의 주관으로 정해도 상관없다. 출발점을 기술하는 부분부터 개인의 주관에 근거한 독자적인 발상을 기대할 수 있다.

이처럼 많은 기능 표현이 나오는 것을 '분기分岐'라고 부른다. 사고를 계속 전개하면 할수록 더욱 많은 분기가 나온다. 분기를 거듭할수록 다양한 기능 표현을 얻을 수 있고, 이는 다양한 아이디어의 밑거름이 될 것이다.

또 말로 기술할 때 떠오른 장식 단어(수식 표현)를 많이 붙이면 독특한 아이디어가 된다. 예를 들어 '겉옷을 걸어놓는다'라는 표현에 장식 단어를 붙여서 '주름진 겉옷을 주름을 펴주는 등받이에 걸어놓는다'라고 하면 어떤가? 무언가 새로운 의자가 떠오르지 않는가? 이것은 내가 붙인 수식 표현이지만 사람마다 떠오르는 것은 다르므로 자신의 개성을 중시해서 장식 단어를 계속해서 붙이다보면 재미있는 아이디어가 나온다. 이에 대해서는 뒤에 더 자세히 설명한다.

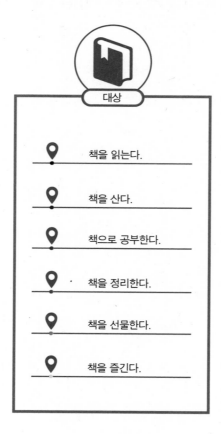

제6장 무엇을 위한 것인가?

전개 순서

지금까지 설명해온 '목적 전개'의 순서와 포인트를 정리
해보자.

① 자신이 관심이 있는 것, 궁금한 점, 문제를 느끼고 있는
점을 대상으로 한다.

② 선택한 전개 대상의 기능 표현을 만들어서 출발점으로 한다.

③ 출발점이 되는 기능 표현을 자유롭게 기술한다.

④ 출발점부터 시작해서 '그것은 무엇을 위한 것인가?', '그것
의 목적은?'이라고 자문하고, 'ㅇㅇ을 ㅁㅁ하기 위해서'라

고 자답하고 이를 반복한다.

⑤ 최대한 상위 목적을 생각하고, 그중에서 이제껏 없었던
   숨은 니즈가 될 만한 독특한 목적을 발견한다.

⑥ 고정관념에 사로잡히지 않도록 주어가 붙지 않는 표현을
   사용해서 독특한 발상을 이끌어낸다.

상위 목적을 향해 사고하다 보면 궁극적으로 '사람을 행
복하게 한다'는 목적에 이르게 된다. '목적 전개'를 연습할
때는 '사람을 행복하게 한다'는 목적에 달할 때까지 전개하
는 것이 아이디어 발상법을 연습하는 데 효과적이다. 하지
만 실제로 개인이나 회사를 위해서 기획을 생각하고 있다
면 거기까지 전개할 필요는 없다.

또 전개하다 보면 개인이나 회사와는 거리가 먼 목적의
기술이 나올 때가 있다. 그런 기술이 나오면 전개를 그만
하라는 신호다. 단 자신의 새로운 전개나 사업의 다각화,
신규 투자 등을 생각하고 있을 때는 더 상위까지 전개하는
것이 좋다.

전개 방법

치밀하게 전개하기

'목적 전개'에서 목적의 목적을 생각할 때는 가능한 한 세부적인 목적을 건너뛰지 말고 치밀하게 전개하는 것이 중요하다. 중간에 건너뛰어버리면 독특하고 획기적인 아이디어를 놓칠 수 있다.

예를 들어 '쌀을 씻는다'라는 표현에서 새로운 발상을 떠올리고자 할 때 '쌀을 씻는다'에서 '저녁을 먹는다'라고 해버리면 그 사이의 '쌀을 깨끗이 물로 씻는다'라는 목적이 생략된다. 이것이 목적이라면 굳이 물을 사용하지 않아도

깨끗이 씻을 수 있으면 된다는 사실을 깨닫고 새로운 발상
으로 이어진다.

　건너뛰면 건너뛴 부분에 획기적인 발상의 싹이 있어도
놓쳐버린다. 이제껏 없었던 발상을 추구하기 위해서는 전
개를 치밀하게 짜는 것이 중요하다. 건너뛴 부분이 있으면
다시 돌아가서 사이를 매우면 된다. 그때는 뒤에서 설명하
는 '수단 전개'를 사용해서 추가하는 방법도 있다.

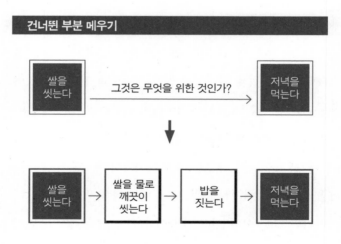

건너뛴 부분 메우기

표현을 바꿔서 새로운 발상 끌어내기

전개를 건너뛰지 않고 자신의 발상을 자극하고 싶다면 표현을 바꾸는 것이 효과적이다. 먼저 동사 부분을 바꿔보고, 그러고 나서 명사 부분을 바꿔보면 꽤 치밀하게 전개할 수 있다.

예를 들어 '종이를 자른다', '종이를 재단한다', '종이를 분리한다'와 같이 표현을 바꾸면 꽤 치밀하게 전개할 수 있고, 그중에서 획기적인 발상이 나올 가능성이 높아진다.

환언법에는 또 하나의 방법이 있다. 바로 단어를 꾸며주는 수식어를 붙이는 방법이다.

예를 들어 '자르기 어려운 큰 종이를 쉽게 자른다', '크고 단단한 종이를 힘을 들이지 않고 재단한다', '크고 두꺼운 종이를 작은 힘으로 분리한다'와 같이 수식어를 붙임으로써 독특하고 독자적인 전개를 할 수 있다. 이렇게 다양하게 표현을 바꿔보면 그중에서 이제껏 없었던 획기적인 기술이 나올 가능성이 높아진다.

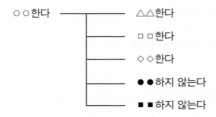

목적을 다양하게 분기하기

다양한 발상을 하기 위해서는 떠오른 하나의 목적을 고집하지 않아야 한다. 목적의 기술을 분기시켜서 그 분기한 표현별로 전개를 펼쳐나간다. 비디오 리코더를 대상으로 한 예를 살펴보자.

예를 들어 'TV 프로그램을 녹화한다'부터 출발해서 '한가할 때 녹화한 방송을 본다' → '보고 싶은 영상을 보고 싶을 때 즐긴다'와 같이 전개할 수 있다. 또는 '비디오를 재생한다'부터 출발해서 '필요할 때 녹화한 방송을 본다' → '일과 관련된 정보를 영상에서 수집한다'와 같이 전개할 수도 있다.

　이처럼 목적이 두 개 이상으로 나뉜 경우에는 확실하게 분기시켜야 한다. 분기시켜도 그 목적의 목적이 다른 계열의 목적이 되어 있는 경우가 있다. 전개를 펼치다보면 점차 하나로 합쳐질 것이다. 즉 '목적 전개'를 분기시켜서 진행하다보면 다음 그림과 같이 다이아몬드형이 되는 경향이 있다.

'목적 전개'는 다이아몬드형이 된다

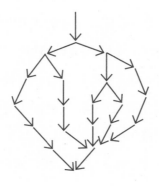

'속목적' 추구하지 않기

'목적 전개'를 진행하다보면 마지막에는 반드시 '사람들을 행복하게 한다'는 궁극의 목적에 다다른다고 했다. 대부분 실제로 거기까지 전개할 필요는 없지만 이 궁극의 목적을 의식하는 것은 매우 중요하다. 절대로 자신 또는 자사의 이익이나 보수를 목적으로 전개하지 않아야 한다.

일이니까 이익을 따지는 것은 당연하다거나 돈을 벌기 위해서 발상법을 배우는 것이 아니냐고 하는 사람도 있을 것이다. 그런데 이익이 어떻게 얻어지는지 잘 생각해보길 바란다. 이익은 사람들에게 편익이 되는 것을 제공함으로써 그 편익에 대해 사람들이 대가를 지불하는 데서 얻어진다. 사람들은 편익을 느끼지 않는 것에 돈을 지불하지 않으므로 돈보다 편익을 먼저 생각할 필요가 있다.

목적 사고 전개법에서는 돈과 관련된 목적의 기술을 '속목적'이라고 부른다. '목적 전개'에서는 '속목적'이 아니라 '겉목적'으로 진행해야 한다. 사람들의 편익을 생각해서 '겉목적'을 전개해보자.

'시계를 만든다'부터 시작되는 전개 예시는 왼쪽이 겉목

'겉목적'과 '속목적'

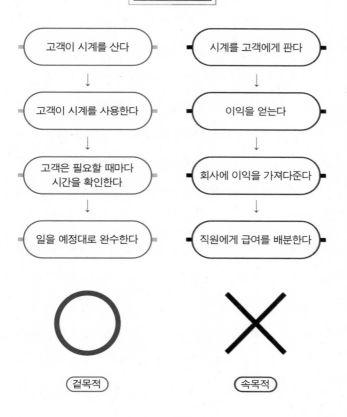

시계를 만든다

고객이 시계를 산다	시계를 고객에게 판다
↓	↓
고객이 시계를 사용한다	이익을 얻는다
↓	↓
고객은 필요할 때마다 시간을 확인한다	회사에 이익을 가져다준다
↓	↓
일을 예정대로 완수한다	직원에게 급여를 배분한다

겉목적

속목적

적, 오른쪽이 속목적을 전개한 예다. 보다시피 속목적으로 전개한 것은 어느 회사, 누구에게나 공통이며, 독특함이란 찾아볼 수 없고 혁신적이지도 참신하지도 않다. 이처럼 속목적으로 들어가면 혁신적인 발상을 하지 못한다.

반면에 겉목적으로 전개하면 예를 들어 시계를 대신하는 서비스 등 그 나름대로의 아이디어가 떠오른다.

물론 기업의 목적 중 하나는 매출과 이익을 높이는 것이겠지만, 창조력과 발상력을 강화하여 독특하고 참신한 아이디어를 내기 위해서는 사고방식을 전환할 필요가 있다. 자사 또는 자신의 이익이나 편익만을 생각하지 않도록 해야 한다.

속목적의 예로는 '매출을 올린다', '비용을 줄인다', '임금을 낮춘다', '협회에서 상을 받는다', '급여를 인상한다' 등이 있다.

여기서 '협회에서 상을 받는다', '급여를 인상한다' 등은 오로지 자신만을 위한 이익이나 편익을 추구하는 것을 목적으로 한 '속목적'이다. 여기서 '협회에서 상을 받는다'는 목적이 좋지 않은 이유에 대해 살펴보자.

이 목적의 기술에서 생각할 수 있는 아이디어는 '협회에서 상을 받는 구조'다. 이것은 어떤 것일까? '상을 많이 받는 기계적인 방법', '상을 받는 비결과 순서'와 같은 것일 텐데, 이는 사람들에게 그다지 유익하지 않다.

노벨상을 수상한 과학자들도 '노벨상을 받고 싶다'는 목적으로 연구를 해온 것은 아닐 것이다. '우주의 참모습을 알고 싶다', '사람의 생명을 구하고 싶다'라는 마음으로 노력을 거듭해왔을 것이다.

이런 사고방식을 바탕으로 하여 '매출을 올린다'는 '상품을 많은 사람들에게 판다'로, '협회에서 상을 받는다'는 '협회에 공헌하는 활동을 한다' 등과 같이 바꿔서 속목적을 위한 발상이 되지 않도록 해야 한다.

자신 또는 자사의 보수나 이익은 여기서 발견한 니즈를 실현하는 안을 낼 때 곰곰이 생각하고, 이 단계에서는 생각하지 않는 것이 중요하다.

독특한 목적 기술하기

지금까지의 전개 예에서는 기능 표현이 목적어(명사)와

술어(동사)만 있고, 장식어 즉 장식하는 단어가 많이 없었다. 실제로 전개할 때에는 목적어(명사)에는 많은 표현(형용사)을 덧붙여서 장식하고, 술어(동사)에도 자신이 떠오른 표현(부사)을 최대한 많이 붙여서 꾸며보길 바란다.

예를 들어 '고객에게 전화를 사용하도록 한다'는 매우 심플한 목적의 기술이다. 그러므로 문제는 없어 보인다. 이 문장을 자신의 생각으로 장식해보자.

'지금까지 전화를 사용해본 적이 없고, 사용법을 모르는 고객에게, 이제껏 없었던 기능을, 배우지 않아도 누구나 쉽게 사용하도록 한다'라고 하면 어떨까? 꽤 독특한 목적의 기술이 되지 않았는가?

장식 표현은 사람마다 다르다. 그 장식이 개성을 살리고 획기적인 아이디어를 내는 근간이 된다. 기존개념과 고정관념에서 벗어나 자유롭게 장식해보길 바란다. 장식 표현이 들어간 기술문을 보고 다음 목적을 생각하면 한층 더 독특한 기술이 떠오르고, 획기적인 아이디어도 덩달아 떠오를 것이다.

장식 표현을 어렵게 말하면 '수식어' 또는 '수식어구'라고 한다. 수식어를 다양하게 바꿔보면 한층 더 치밀하고 독특한 전개를 펼칠 수 있다. 예를 들어 '주어진 일을 능수능란하게 처리한다'라는 기술문에서 '능수능란하게'란 어떤 것인지 자기 나름대로 생각해보자. '능수능란하게'란 '매끄럽게', '수월하게'라는 의미라고 할 수 있다. 그러면 이 표현으로 기술문을 바꿔보자.

그래도 아직 충분히 표현하지 못한 느낌이 든다면 더 생각해보자. 그럼 '시간을 헛되이 쓰지 않고', '당황하지 않고', '조리 있게', '타이밍 좋게', '예정대로', '계획대로' 같은 단어가 떠오를 것이다. 이런 표현을 붙여서 전개해보면 또 다른 발상이 나온다.

이렇게 자신의 감각으로 꾸며서 목적을 기술해보길 바란다. 만약 이 방법이 효과가 없다면 다음 페이지에 설명하는 방법을 더 동원해보자.

기능 표현에 수식어를 덧붙이는 방법에 대해 알아보자. 심플한 기능 표현은 'ㅇㅇ(목적어: 명사)를 ㅁㅁ한다(술어: 동사)'이다. 여기에 장식 단어를 추가해서 독특한 기술로 만들기 위해서는 명사 부분에 형용사(형용사구)를 추가하고,

동사 부분에 부사(부사구)를 추가하는 것이 기본이다.

어느 것도 하나만 추가해야 된다는 법은 없고, 생각나는 대로 수식어를 마구 붙이면 된다. 수식어를 붙이는 방법에는 다음 세 가지 방법이 있다. 그중 하나만 사용할 필요는 없다. 몇몇 또는 모두 조합해서 사용해도 된다.

(A) 자신의 생각이나 직감으로 떠오른 수식 표현을 덧붙인다

기능 표현의 명사, 동사를 보면 그 명사나 동사에 붙일 장식 단어가 떠오를 것이다. 떠오른 장식 단어를 붙여서 거기서 또 전개하다보면 더욱 독특한 기술문이 된다.

(B) 수식 표현의 일람표 등을 참고한다

수식어가 자신의 생각이나 직감으로 떠오르지 않는다면 수식어를 붙이는 데 참고가 되는 일람표 등을 보면서 수식어를 추가하면 좋다.

다음은 상품의 활용 가치를 높이는 방법을 찾기 위해서는 어떤 성질의 수식어를 붙이면 효과적인지를 나타낸 표다. 이 성질을 나타내는 수식어(형용사, 부사)를 추가하면 이

	신체적 혜택
조작성	다루기 쉽다
보수성	관리하기 편하다
안전성	위험하지 않다
설치성	배치·수납하기 쉽다
융통성	변경하기에 적합하다
간편성	수령하기 쉽다
이주성	살기 좋다
취급성	누구나 사용할 수 있다

	심리적 혜택
안전성	위험하게 느끼지 않는가?
쾌적성	편안한가?
기호성	취향에 맞는가?
신뢰성	안심할 수 있는가?
대응성	기대와 실제의 차이는?
우월성	우월감을 계속 맛볼 수 있는가?
정보성	유익한 정보인가?
평가성	어떻게 평가받고 있는가?

	사회적 혜택
경제성	비용이 저렴한가?
안전성	위험하지 않는가?
탄력성	각종 목적에 사용할 수 있는가?
신속성	요구에 바로 대응 가능한가?
보장성	보장되어 있는가?
소인성	적은 인원으로 가능한가?
유용성	어떻게 평가받고 있는가?
정보성	유익한 정보인가?
교육성	교육하기에 좋은가?
확장성	확장할 수 있는가?
축소성	작게 할 수 있는가?

용자의 만족도를 높일 수 있다.

(C) 전문 분야 또는 사업 범위와 관련된 수식 표현을 덧붙인다

마지막은 자신의 전문 분야나 자사와 관련된 분야의 수식어를 붙이는 방법이다. 예를 들어 소형 기술을 가지고 있는 기업이라면 '세계에서 가장 작은 ○○을 □□한다' 등이 있다.

이러한 방법은 뒤에서 설명하는 기획안 작성에도 활용할 수 있다. 다양한 표현을 붙이면서 독특한 목적의 기술문을 만들어보길 바란다.

이유와 목적을 혼동하지 않는다

'그것은 무엇을 위한 것인가?'라고 물으면 이유를 대답하는 경우가 있다. 예를 들어 '프린터로 글씨를 인쇄한다'부터 출발해서 '무엇을 위한 것인가?'라고 물었을 때 '컴퓨터 글씨가 깨끗해서'라고 답하는 경우가 있다.

하지만 그 답은 프린터로 인쇄하는 이유를 설명하는 것이다. 이유가 아니라 목적을 설명해야 한다. 이 경우라면

'프린터로 정확한 글자를 인쇄한다'라고 하면 목적을 기술한 기능 표현이 된다.

이처럼 이유와 목적을 혼동하지 않도록 주의해야 한다. 이유를 찾는 것은 과거를 되돌아보는 사고법이며 분석적이다. '목적 전개'는 미래를 생각하는 사고법이며 설계적이다. 사고 전개법에서는 미래를 설계해나가려는 자세가 중요하다.

'목적 전개'와 비슷한 방법으로 도요타자동차의 '왜왜 분석'이라는 방법이 있다. 이 분석법은 무슨 문제가 일어났을 때 '그것은 왜 일어났는가?'라고 제1단계의 원인을 생각한다. 그리고 더 나아가 제1단계의 원인의 원인이 무엇인지를 '그것은 왜 일어났는가?'라고 물어 제2단계의 원인을 생각한다. 왜왜 분석은 이 물음을 다섯 번 반복해서 근본적인 원인을 밝히고자 하는 분석법이다.

이 방법은 사고를 전개해서 생각한다는 의미에서 '목적 전개'와 유사하면서도 전혀 다르다. '왜?'라고 묻는 '왜왜 분석'은 과거로 거슬러 올라가서 '무슨 일이 있었는가?', '어떻게 되어 있었는가?', '어떻게 했는가?'라고 이유를 묻는 물음법이며, 미래를 향해 '어떻게 할 것인가?'라고 목적을 묻는 물음법이 아니기 때문이다.

'목적 전개'에서는 '무엇을 위한 것인가?'라고 묻고 새로운 것을 생각해내야 한다. 이때 이유를 대답하면 원인 추구가 되어버리므로 목적에 대해 대답하도록 하자.

이유와 목적을 혼동하는 것과 비슷하게 메커니즘과 목적을 혼동하는 경우가 있다. '왜?'라고 물으면 그 답으로 메커니즘(시스템)이나 구조를 설명하는 경우가 있으므로 주의가 필요하다.

예를 들어 '자동차의 시동을 건다'부터 출발해서 '휘발유를 엔진에 공급한다', '실린더 안에 휘발유를 분사한다', '피스톤으로 상하로 운동시킨다', '크랭크를 회전시킨다'와 같이 전개하면 언뜻 보기에는 잘 전개된 것처럼 보이지만 실은 이는 '목적'이 아니라 '엔진 작동 메커니즘'을 설명하고 있을 뿐이다.

'왜?', '무엇 때문에?'라고 물었을 때는 '무엇을 위해서?'라고 바꿔 말하는 것이 중요하다.

'목적 전개'에 따른 발견의 예

'목적 전개'의 예시와 그 전개에서 얻을 수 있는 발견과 발상을 소개한다.

■ 예 ①: 수첩

휴대 가능한 작은 종이에 일정, 메모 등의 정보를 적는다.

> → 그것은 무엇을 위한 것인가?

그것들의 정보를 잊지 않도록 기록한다.

> → 그것은 무엇을 위한 것인가?

이동 중에도 쉽게 정보를 본다.

> → 그것은 무엇을 위한 것인가?

필요할 때 언제 어디서나 쉽게 정보를 꺼낸다.

> → 그것은 무엇을 위한 것인가?

필요할 때 그 자리에서 일정을 바로 확인한다.

> → 그것은 무엇을 위한 것인가?

새로운 일정을 다른 일정과 겹치지 않도록 한다.

> → 그것은 무엇을 위한 것인가?

새로운 일정을 무리 없이 확실하게 처리할 수 있도록 설정한다.

→ 그것은 무엇을 위한 것인가?

모든 일정을 정해진 시간 내에 반드시 수행한다.

→ 그것은 무엇을 위한 것인가?

계획한 업무를 시간 내에 확실하게 완수한다.

→ 그것은 무엇을 위한 것인가?

계획한 업무나 일상의 용무를 늘 예정대로 소화한다.

→ 그것은 무엇을 위한 것인가?

회사 업무를 통해서 사회에 공헌한다.

→ 그것은 무엇을 위한 것인가?

사람들이 행복하게 지낼 수 있도록 한다.

이는 수첩을 대상으로 한 전개 예시다. 사람마다 다양한 전개가 나올 것이다. 이 전개에서 얻은 다음과 같은 발견에서 니즈를 발상할 수 있다.

〈발견〉

'예정한 모든 일정을 정해진 시간 내에 반드시 수행'하는게 가능해지면 수첩을 사용할 필요가 없다.

⟨발상되는 니즈⟩

• 예정한 모든 것을 잊지 않도록 하면 수첩을 가지고 다닐 필요가 없다.

• 정해진 시간 내에 수행할 수 있는 방법을 제공할 수 있으면 수첩은 필요 없지 않을까?

• 자신은 몰라도 일정을 반드시 수행할 수 있으면 된다.

■ 예 ②: 정기권

정기권을 발행한다.

　　→ 그것은 무엇을 위한 것인가?

일정 기간에 특정 구간의 개찰구를 통과할 수 있음을 증명한다.

　　→ 그것은 무엇을 위한 것인가?

일정 기간에 특정 구간을, 승차권을 매번 사지 않아도 통과할 수 있다.

　　→ 그것은 무엇을 위한 것인가?

일정 기간에 특정 구간의 개찰구를 자유롭게 통과한다.

　　→ 그것은 무엇을 위한 것인가?

일정 기간에 특정 구간의 전철을 자유롭게 이용한다.

　　　　→ 그것은 무엇을 위한 것인가?

　일정 기간에 특정 구간 내 한 장소에서 다른 장소로 자유롭게
이동한다.

　　　　→ 그것은 무엇을 위한 것인가?

　일정 기간에 업무 등에 필요한 이동을 자유롭게 한다.

　　　　→ 그것은 무엇을 위한 것인가?

　언제나 필요한 이동을 자유롭게 한다.

　　　　→ 그것은 무엇을 위한 것인가?

　언제 어디서나 바로 이동할 수 있다.

　이 전개에서는 다음과 같은 발견과 니즈의 발상이 가능
하다.

〈발견〉

　'일정 기간에 특정 구간 내 한 장소에서 다른 장소로 이동
을 자유롭게' 하는 게 가능해지면 매우 편리할 것이다.

〈**발상되는 니즈**〉

• 일정 기간을 그 사람의 희망하는 기간으로 한다.

• 특정 구간을 전철뿐만 아니라 다른 교통수단으로 넓
히면 이용자가 늘지 않을까?

• 자유롭게 이동하고 싶은 것이니 지리적인 자유도를
확대하면 다른 고객층을 확보할 수 있지 않을까?

이렇게 '목적 전개'에서 얻은 발견과 그 발견에서 발상되
는 니즈를 정리해두면 이후의 구체적 기획안을 내기가 쉬
워진다.

제7장

무엇이 가능해지는가?

일상생활에서도 똑같이 생각한다

이 장에서는 '그것이 만들어지면 무엇이 가능해지는가?' 라고 묻는 '가능성 전개'를 설명한다. 자신이나 자사가 가진 시즈(기술·재료·노하우 등)의 용도를 생각할 때 사용하는 사고법이다. 앞에서 설명한 3M의 포스트잇과 같이 이미 만들어진 기술이나 재료, 자연스럽게 습득한 노하우 등을 이용한 새로운 시즈를 만드는 데 효과적인 사고 전개다.

'가능성 전개'는 새로운 사용법을 찾는 사고법이지만, 그렇다고 특별한 것이 아니라 우리도 평소에 자주 하고 있는 사고 방법이다.

예를 들면 빈 페트병을 다양한 용도로 사용하는 사람이 있을 것이다. 빈 페트병에는 '액체를 넣을 수 있다'는 특징이 있다. 다른 특징도 있겠지만, 이 특징에 주목해서 '무엇에 사용할 수 있을까?'라고 생각하기만 해도 다양한 아이디어가 떠오른다.

- 액체를 흘리지 않고 이동할 수 있다.
- 집에서 끓인 보리차를 페트병에 넣어 보관할 수 있다.
- 집에서 끓인 보리차를 페트병에 넣어 밖에 가지고 다닐 수 있다.
- 투명하므로 내용물을 확인할 수 있다.
- 다 마시면 버릴 수 있으므로 짐을 덜 수 있다.

이러한 '가능성 전개'를 통해 현재 보유하고 있는 시즈를 기반으로 하여 새로운 시즈를 찾는다.

'기존 시즈'에서 '다음 시즈'를 찾는다

제1장에서 설명했듯이 새로 발상된 시즈가 숨은 니즈와 매칭되면 혁신으로 이어질 만한 제품이나 서비스가 탄생한다. 아주 오래전 이야기지만, 소니는 진공관을 대신하는 트랜지스터를 사용한 소형 라디오를 판매해 큰 인기를 끌었고, 그 후 세상의 라디오는 트랜지스터로 옮겨갔다.

소니가 가지고 있었던 '트랜지스터를 사용함으로써 소형 전력 절약형 라디오를 기획, 개발하고 제조할 수 있다'는 시즈는 '라디오를 언제 어디서나 즐긴다'는 사람들의 숨은 니즈와 매칭되어 혁신을 불러일으켰다고 할 수 있다.

현재 가지고 있는 시즈로 만들 수 있는 사물을 발상해서 상정해두면 시대의 추이나 세상의 변화에 따른 니즈의 변화에도 즉각 대응하여 시즈를 제공할 수 있다. 또 자사의 시즈를 다른 분야나 다른 업계로 전개해 사업 다각화를 도모하는 것도 가능해진다.

시즈 발상에서 새로운 사물을 생각해두는 것은 니즈 발상만큼 중요한 일이다. 그러므로 시즈에서 새로운 사물을 발상하는 테크닉도 알아둘 필요가 있다. 현재 가진 것을 사용해서 새로운 것을 창조하고자 하는 시즈 개발에서는 먼저 그것을 무엇에 사용할 수 있을지 생각해야 한다.

하지만 기발한 아이디어를 떠올리기란 쉽지 않다. 어쩌면 아무것도 떠오르지 않고 끝날 수도 있다. 떠오를 때까지 잠자코 기다리는 것도 하나의 방법이지만 효율이 썩 좋지는 않으며 그대로 잊힐 수 있다. 그래서 시즈를 강제로 떠오르게 하는 테크닉을 사용할 줄 알면 자신이나 자사, 세상 사람들에게도 큰 편익이 발생한다.

시즈 발상의 기획안 작성은 대개 다음과 같이 진행된다. 먼저 기술·재료·노하우 등 시즈의 특징을 파악하고, 그 시즈의 새로운 사용법과 아이디어를 발상한 뒤, 새로운 사용법을 반영해서 제품을 응용하거나 개발한다.

시즈 발상의 흐름

1. 그 사물의 특징(특히 장점, 가능한 점)을 밝힌다.
2. 그 특징을 활용하고자 하는 사물(상황·사상 등)을 찾는다.
3. 활용하고자 하는 사물에 '더 적절한 사물'이 없는지 생각해본다.
4. '더 적절한 것'이 없다면 새로 개발한다.

이 책의 '가능성 전개'는 2번의 '새로운 사용법과 시즈를 찾기 위한 사고 전개'에 해당된다. '무엇이 만들어지는가?' 하고 자문자답하여 무엇이 만들어질지 조사하면서 대답하는 것도 효과적이다. 자신이 지금 가지고 있는 지식뿐만 아니라 세상에 이미 존재하는 사물을 조사해서 거기에 자신의 생각을 더하면 독특한 시즈를 만들어낼 수 있다.

'가능성 전개'의 예

우선 '가능성 전개'란 어떤 전개인지 살펴보자. 다음은 디지털카메라를 대상으로 하여 그 기능 중 하나인 '사진을 수치로 변환한다'는 개념을 출발점으로 잡고 '가능성 전개'를 한 예시다.

출발점: 이미지를 수치로 변환할 수 있다.

　　　→ 그것이 만들어지면 무엇이 가능해지는가?

이미지를 수치화해서 보관할 수 있다.

　　　→ 그것이 만들어지면 무엇이 가능해지는가?

수치화한 이미지를 보안 등에 활용할 수 있다.

　　→ 그것이 만들어지면 무엇이 가능해지는가?

등록한 이미지를 안전 확인 등에 사용할 수 있다.

　　→ 그것이 만들어지면 무엇이 가능해지는가?

이 예시는 사이사이에 가능한 것을 더 메울 수 있을 것 같고 전개 여지도 많지만, 이 정도 전개만으로도 새로운 발견을 할 수 있다.

예를 들어 '등록한 이미지를 안전 확인 등에 사용할 수 있다'고 하면 '얼굴을 인식하고 안전이 확인된 경우 출입문 등을 열 수 있다'라는 시즈가 만들어진다.

또는 얼굴을 인식해서 등록된 사람의 얼굴이라면 문을 여는 등의 시즈를 생각해낼 수 있다. 일일이 열쇠로 열거나 비밀번호를 입력하지 않아도 문 앞에 얼굴을 가져다 대기만 하면 출입문이 열리는 시스템을 생각해낼 수 있다.

이러한 장치를 위한 기술은 이미 개발되었을 것이다. 그리고 그것을 기획한 발안자는 분명 머릿속으로 이런 '가능성 전개'와 비슷한 사고를 펼쳤을 것이다.

이처럼 '그것이 만들어지면 무엇이 가능해지는가?'라고 자문자답하는 것이 '가능성 전개'다.

전개 순서

'가능성 전개' 기술문의 기본형은 다음과 같다.

(그것이 만들어지면 다음으로) 'ㅇㅇ(목적어: 명사)을 ㅁㅁ(술어: 동사)할 수 있다'

여기서 'ㅇㅇ(목적어: 명사)을 ㅁㅁ(술어: 동사)할 수 있다'라는 표현은 목적 전개에서 설명한 기능 표현이다. 이처럼 '가능성 전개'에서도 기술에 기능 표현을 사용한다. 기능 표현에 가능성을 나타내는 '할 수 있다'와 같은 단어를 넣으면 '가능성 전개'의 표현이 된다.

가능성 전개를 시작할 때는 자신이나 자사가 가지고 있는 사물에서 시작해도 좋고, 타사나 타인에게서 들여오고 싶은 사물에서 시작해도 좋다. 또 '무엇에 사용할 수 있을지 모른다'를 출발점으로 하는 것도 효과적이다. 새로운 사업을 시작할 기회가 될 테니까 말이다.

그 순서는 다음과 같다. 이때 전문가에게 받은 정보를 모아서 다양한 특징을 생각하다보면 가능성의 분기가 늘어 기회의 폭이 커진다.

① 자신이나 자사의 대표적인 또는 용도를 모르는 기술·재료·노하우 중에서 출발점을 고른다.

② 출발점으로 한 사물의 특징 중 그 장점을 살린 '가능한 점'을 생각한다.

③ 생각한 '가능한 점' 중에서 기점으로 하는 특징을 파악하고, 그 가능성의 기술을 작성한다.

④ 작성한 가능성의 기술을 기점으로 하여 '그것이 만들어지면 무엇이 가능해지는가?'라고 자문해서 '~할 수 있다'라

고 자답하고, 이를 반복한다.

⑤ 가능한 한 많은 가능성의 기술을 생각해 그중에서 새로운 시즈가 될 만한 독특한 가능성의 기술을 찾는다.

전개 방법

분기하기

가능성 있는 시즈를 많이 발상할수록 니즈에 매칭되는 시즈를 찾을 기회가 늘어난다. 그러므로 하나의 가능성의 기술에 대해 두 개 이상의 '~할 수 있다'가 있으면 전개를 분기해서 빠짐없이 적어보자.

예를 들어 '빈 페트병'의 가능성 기술에서 '액체를 흘리지 않고 가지고 다닐 수 있다'와 '액체를 보관할 수 있다'는 독립된 사용법 또는 병렬적인 사용법이라고 생각한다. 이런 경우에는 분기해서 표현한다. 또한 '목적 전개'는 분기하면 마지막에는 하나로 합쳐지지만 '가능성 전개'는 꼭 그렇지는 않다.

조사하기

'가능성 전개'는 가능성을 추구하는 것이므로 어떤 가능성이 있는지, 무엇을 할 수 있는지 생각하기 위해서는 지식이나 경험이 필요하다. 그러므로 독특한 가능성의 기술에 대해 조사하고 연구할수록 한층 더 독특한 가능성을 생각해낼 수 있다.

새로운 니즈는 누구에게 물어서 찾을 수 없으므로 스스로 생각해야 한다고 말했다. 하지만 숨은 시즈를 찾는 '가능성 전개'를 유익하게 하기 위해서는 다른 사람에게 끊임없이 물어보거나 조사하는 것도 필요하다. 자신의 지식만으로 시즈를 찾기에는 한계가 있기 때문이다. 기술이나 노하우를 잘 아는 전문가의 지식을 빌리거나 같은 시즈가 다른 분야에서 어떻게 사용되고 있는지 조사하는 작업은 '가능성 전개'의 무기가 된다.

상상하기

예컨대 빈 페트병을 출발점으로 한 '가능성 전개'에서 '등산'을 생각한 경우, 머릿속에 저절로 등산하는 장면이 떠오를 것이다. 이때 산을 오르내리는 것을 시간 순으로 상상하면 한층 더 활용하기 좋은 아이디어가 나온다.

다른 예로는 날이 더울 때 편의점에서 페트병 음료수를 사서 그 내용물을 모두 마신 후에 어떻게 할 것인지를 생각한다.

빈 페트병은 보통 쓰레기통에 버려지고 말겠지만, 버리지 않는다면 어떻게 할 것인지, 페트병을 재활용하는 방안에 대해 사고를 전개하다보면 뜻밖에 재미있는 용도를 발견할 수 있다.

장식하기

'가능성 전개'에서도 단어에 마구 살을 붙여 기술문을 꾸며보길 바란다. 그 방법은 앞 장에서 설명한 '목적 전개'의 '표현 바꾸기'나 '수식어 덧붙이기'와 기본적으로 같다.

■ 술어의 내용을 조금씩 바꿔본다

'~에 ~의 정보를 보낼 수 있다.'

'~에 ~의 정보를 전할 수 있다.'

'~에 ~의 정보를 알릴 수 있다.'

'~에 ~의 정보를 인식시킬 수 있다.'

■ 목적어의 내용을 조금씩 바꿔본다

'전달할 내용을 아무에게나 전할 수 있다.'

'전달할 내용을 특정 인물에게만 전할 수 있다.'

'전달할 내용을 특별한 사람에게만 전할 수 있다.'

■ 장식 단어를 붙여본다

'전달할 내용을 전할 수 있다.'

'중요한 회사 홍보 내용을 쉽게 전할 수 있다.'

제8장

무엇을 해야 하는가?

실현하기 위한 방법을 탐색한다

'수단 전개'는 '목적 전개'와 '가능성 전개'에서 발견 또는 창출한 니즈나 시즈를 실현하기 위해서는 어떻게 해야 하는가를 생각해나가는 사고법이다. '그것을 위해서는 무엇을 해야 하는가?'라고 자문자답을 반복한다.

'그것을 위해서는 무엇을 해야 하는가?'는 평소에도 우리가 머릿속으로 줄곧 하고 있는 질문이다. 예를 들어 자신이 세운 목표를 실현하고자 할 때 머릿속으로 '목표를 이루려면 무엇을 해야 할까?'라고 생각할 것이다. 무엇을 해야 하는지 바로 생각나는 사람은 없을 테니까 말이다.

예를 들어 '자격증을 딴다'라는 목적에 대해 '자격을 따려면 무엇을 해야 할까?', '자격을 따기 위해서는 어떻게 하면 좋을까?'라고 물으면 '자격증에 필요한 지식을 배우자', '전문학교를 다니자'와 같이 생각할 수 있다. 이러한 목적을 달성하기 위한 사고 방법을 일반화해 상품 기획 등의 아이디어를 만드는 데 활용할 수 있도록 한 것이 '수단 전개'다.

'수단 전개'의 예를 살펴보자. 어떠한 시즈나 니즈를 대상으로 하여 '그것을 위해서는 무엇을 해야 하는가?'라고 자문해서 '~하면 된다'라고 자답하면서 다양한 수단을 모색한다. 이 수단이 상품의 기획안으로 이어진다.

예를 들어 '이동 중에 사용할 물건을 들고 다닌다'라는 니즈를 출발점으로 하여 '수단 전개'를 해보자. 그러자 '이동 중에 사용할 물건을 바로 꺼낼 수 있도록 해서 들고 다니면 된다'라는 기능 표현이 만들어져 기술문을 충족시키기 위한 사고가 시작된다. 여기서 '그것을 위해서는 무엇을 해야 하는가?'라고 물어보자.

'이동 중에 사용할 물건을 바로 꺼낼 수 있도록 해서 들고 다니기 위해서는 어떻게 하면 좋을까?'라고 자문하면, 머릿속에서는 현재 존재하는 가방 중 그 니즈를 실현할 수 있을 만한 가방을 떠올리고 있을 것이다.

예를 들면 어깨에 메는 숄더백은 어떨까? 숄더백이면 걸으면서 가방 안의 물건을 꺼낼 수 있겠지만 조금 불편할지도 모른다. 더 쉽게 꺼낼 수 있기를 원한다면 한 번 더 같은 질문을 반복해보자.

그 결과 (A) '이동 중에 사용할 물건을 입구가 열린 상태로 들고 다니면 된다'라는 답이 나온다. 또는 (B) '이동 중에 사용할 물건을 바로 사용 가능한 상태로 꺼낼 수 있도록 하면 된다'와 같은 답도 나올 수 있다.

이제 이전 답보다 가방다운 형상을 떠올리기 쉬워졌다. 다시 말해 좀더 구체적인 기획안이 나왔다고 할 수 있다. (A)에 대해서는 '그 일부만 입구가 열려 있는 가방다운 것', (B)에 대해서는 '이동 중에 사용할 물건의 전용 주머니를 단 가방다운 것'이라는 형상을 상상할 수 있다.

이 둘은 같은 형상의 물건이 될 가능성도 있지만, 그렇지 않은 경우도 있다. 어찌됐든 이 단계에서 상당히 구체적인 이미지가 완성되었다. 그리고 실제로 만들 수 있겠다 싶으면 시험 삼아 만들어보면 좋다. 여기서부터 제작 과정으로 들어가게 되는데, 이는 동시에 구체적인 기획안이 완성되었음을 의미한다.

다만 아무리 자문자답을 반복해도 구체적인 형태가 떠오르지 않는다면 출발점으로 삼았던 기술문에서는 기획안이 나오지 않는다고 생각하고 포기해야 한다. 이 경우 출발점을 다시 설정해서 전개해야 한다.

이처럼 '그것을 위해서는 무엇을 해야 하는가?'라는 자문자답을 반복하다보면 자연스럽게 표현이 구체화되어 이미지를 떠올리기 쉬워진다. 그리고 그것을 추진해서 실제로 만들 수 있는 단계까지 오면 기획안이 완성된다.

대상과 출발점

구체적인 기획안으로 이어지는 '수단 전개'는 대상이 되는 기술문(기능 표현)의 선정이 중요하다. 대상의 기술문이 독특하고 참신할수록 획기적인 기획안이 나온다. '수단 전개'의 출발점은 '목적 전개', '가능성 전개'에서 얻은 기능 표현부터 시작한다.

이는 곧 '수단 전개'와 '가능성 전개'로 독특하고 참신한 니즈의 기술을 발견·창출하는 것이 중요하다는 것을 의미한다. 혹은 '목적 전개', '가능성 전개'와 떨어뜨려서 단독으로 기획안을 만들어내는 것도 가능하다.

예를 들어 이미 스스로 정한 목적이나 회사에서 결정된 방침이 있고, 그것을 실현하기 위한 기획안을 내고자 할 때에도 활용할 수 있다. 그때는 이미 정해진 목적의 기술을 기점으로 하여 전개하면 된다.

'목적 전개'를 역행해도
아무 의미가 없다

'목적 전개'는 목적을 추구하는 사고법, '수단 전개'는 수단을 추구하는 사고법이다. 목적과 수단은 반의어다. 왜냐하면 '목적'을 달성하기 위해서 행하는 행위나 기능이 '수단'이기 때문이다.

예를 살펴보자. '식재료를 냄비에 넣는다'의 목적은 '식재료를 한데 모은다'이고 '식재료를 한데 모은다'를 해결하기 위한 수단은 '식재료를 냄비에 넣는다'이다.

이처럼 목적과 수단은 역방향 관계로 이루어진다. 그러므로 '목적 전개'와 '수단 전개'도 역방향으로 전개된다.

그러므로 '수단 전개'는 '목적 전개'를 거꾸로 전개할 수 있다. 하지만 그것이 아무 의미도 없다는 것은 말할 필요도 없다. 왜냐하면 '수단 전개'는 새로운 수단을 찾는 데 의미가 있기 때문이다. '수단 전개'에서는 '목적 전개'를 역행하지 않고 다른 수단을 생각해야 한다. 역행하지 않아야 대상으로 한 사물을 대신하는 획기적인 사물을 발상해 새로운 기획을 생각해낼 수 있다.

'수단 전개'를 하면 전개가 점점 분기된다. 분기는 더욱 많은 기획안을 위한 발상의 계기가 되므로 적극적으로 분기시켜서 최대한 많은 아이디어를 내보길 바란다.

'목적 전개'와 '수단 전개'는 반대 방향

목적 전개

수단 전개

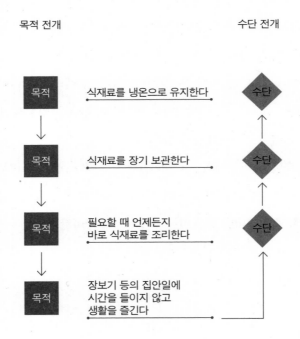

목적 — 식재료를 냉온으로 유지한다 — 수단

목적 — 식재료를 장기 보관한다 — 수단

목적 — 필요할 때 언제든지
바로 식재료를 조리한다 — 수단

목적 — 장보기 등의 집안일에
시간을 들이지 않고
생활을 즐긴다

제8장 무엇을 해야 하는가?

목적과 수단의 관계

'목적'과 '수단'의 관계는 비즈니스 서적에서 흔히 볼 수 있다. 예를 들면 비즈니스의 마음가짐을 다룬 책 등에서 '당신의 일은 수단이 목적이 되어 있지 않은가?'와 같은 제언을 볼 수 있다. 비즈니스에서 지녀야 할 자세는 목적을 제대로 인식해서 그 목적을 달성하기 위한 수단을 실행하는 것이다. 하지만 자칫하면 그 수단이 목적이 되는 경우가 있다.

예를 들어 연하장을 보내는 이유는 무엇일까? 무엇을 위해서 보내는 것일까? 혹시 연하장을 보낸다는 사실 자체가 목적이 되어 있지 않는가? 그렇다면 연하장을 보내는 목적은 무엇일까?

'평소에 만날 기회가 없는 사람이나 멀리 사는 사람에게 안부를 전한다' 등이 목적일 것이다. 이 예는 상당히 건너 뛰어 버렸지만 아마 '목적 전개'를 하는 듯한 기술이 나올 것이다. 그러면 연하장의 내용은 안부를 묻고 근황을 알리는 내용으로 하면 이 목적과 합치할 것이다.

하지만 대부분의 연하장에는 그림이 그려져 있을 뿐 근황 등은 적혀 있지 않다. 그래서 '연하장은 꼭 필요한가?', '연하장을 대신할 수 있는 건 없을까?'와 같은 생각을 해볼 수 있다.

이와 같이 '평소에 만날 기회가 없는 사람이나 멀리 사는 사람에게 안부를 전한다'는 니즈의 기술문에서 '수단 전개'를 해보면 연하장을 대신하는 새로운 서비스가 떠오를 것이다.

전개 순서

지금까지 배워본 '수단 전개'의 순서를 정리해보자.

① '목적 전개', '가능성 전개'에서 발견 또는 창출한 니즈나
시즈의 기술(기능 표현)을 전개의 출발점으로 한다(자신의
활동이나 회사의 방침 등으로 이미 결정된 목적의 기술이 있는 경
우에는 그 기술을 출발점으로 한다).

② 출발점부터 시작해서 '그것을 위해서는 무엇을 해야 하는
가?'라고 물어 '○○을 □□한다(하면 된다)'라는 답을 찾아
기능 표현으로 기술한다. 이를 반복한다.

③ 복수의 답이 나온 경우에는 그것들을 분기시켜서 전개해
　최대한 많은 수단의 기술문을 작성한다.
④ 실현 가능성이 있는 안이 나올 때까지 전개를 계속한다.
⑤ 작성한 기획안을 토대로 실현안을 전개한다.

　'수단 전개'는 구체적인 기획안을 내기 위한 사고법이므
로 최대한 많은 실현안을 생각해야 참신한 안이 된다. 계
속 분기하면서 전개하다보면 많은 수단의 기술문이 나오
기 시작한다. 혼자서가 아니라 여럿이서 전개하면 더욱 많
은 수단의 기술문이 나올 가능성이 커진다. 그러므로 팀을
짜서 전개하는 것이 효과적이다.
　물론 혼자서도 전개할 수 있지만 발견 또는 창출한 니즈
나 시즈는 기업 등의 조직에서 실현하고자 하는 경우가 많
고 또 혼자서는 실현하기 어려운 경우도 있다. 그러므로
'수단 전개'는 다른 분야의 전문가와 함께 전개하면 독특하
고 실현 가능성이 높은 안을 낼 수 있다.

전개 방법

■ 그 기능을 충족하는 것이 무엇인지 생각하고 예를 모두 들
**■ 그 기능을 충족하는 것이 무엇인지 생각하고 예를 모두 들
어본다**

'물을 담는다'는 기능을 충족하는 것은 무엇일까? 페트
병, 컵, 그릇, 주전자, 냄비, 물통, 캔, 손바닥 등을 생각해
볼 수 있을 것이다.

■ 그 기능을 발휘하는 동작, 상황, 환경 등을 생각해본다

'현금인출기에 체크카드를 꽂는다'의 경우 은행 안에서,
옥외에서, 접촉하지 않고, 보여주기만 하면, 이미지 인식

등이 있다.

■ '그 전에 일어나는 동작·상태'를 생각해본다

'안경을 콧등에 얹는다'는 행위 앞에 어떤 동작·상태가 있는지 생각해보면 안경을 콧등에 얹기 위한 부품에 대한 아이디어를 떠올릴 수 있다.

■ 그 기능과 관련된 기술·재료·노하우를 알아보고 그것을 사용한 표현을 생각한다

'ID 카드'를 조사하면, 자기, IC 카드, 비접촉 카드, 휴대전화 매립형 등의 기술을 알 수 있고, 그것을 사용한 수단의 기술이 떠오른다.

■ 많이 분기한다

하나의 기능을 실현하는 수단은 다양하므로 전개를 계속해서 최대한 많이 분기한다. 분기한 계열에서 자신이나 자사가 자랑하는 수단을 찾을 수 있다.

■ 명사, 동사의 특징과 의미를 생각해본다

'물'이라는 명사가 있다면 '유동적, 뜨거워진다, 증발한다, 언다, 불을 끌 수 있다' 등을 생각해볼 수 있고, '보관한다'라는 동사에 대해서는 '넣어둔다, 나열한다, 한데 모은다' 등을 생각해볼 수 있을 것이다.

제9장

발명은 어떻게 할까?

숨은 니즈와 숨은 시즈를 매칭하라

숨은 니즈와 숨은 시즈를 매칭한 구체적인 기획안의 예를 소개한다.

요즘에는 대중교통이나 카페 등에서 스마트폰이나 태블릿 PC로 영상을 보는 것이 당연해졌다. '좋아하는 영상을 아무데서나 본다'라는 니즈를 처음으로 충족시킨 것은 소니의 '비디오 워크맨'이라는 상품이다.

1980년대에 소니는 8밀리 비디오카메라를 상품화해 꾸준한 매출을 올리고 있었다. 하지만 가정에서 영상을 녹화하거나 재생하는 가정용 비디오 리코더로는 보급되지 않왔다. 그래서 8밀리 비디오카메라의 새로운 니즈에 대해, 소니가 가진 시즈와 매칭할 수 없을지 생각하고 있었다. 당시의 기획 흐름을 사고 전개에 대입하면 다음과 같다. 우선 '비디오 리코더'를 대상으로 한 '목적 전개'다.

출발점: TV 프로그램을 녹화한다.

　　　→ 무엇을 위한 것인가?

한가할 때 녹화한 방송을 본다.

　　　→ 무엇을 위한 것인가?

시간이 있을 때 좋아하는 영상을 언제든지 즐긴다.

　　　→ 무엇을 위한 것인가?

틈나는 시간에 보고 싶은 영상을 보고 싶을 때 즐긴다.

　　　→ 무엇을 위한 것인가?

여가 시간에 보려고 녹화한 영상을 이동 중이나 외출 중에 즐긴다.

　　　→ 무엇을 위한 것인가?

이 전개에서 '여가 시간에 보려고 녹화한 영상을 이동

중이나 외출 중에 즐긴다'라는 숨은 니즈를 발견할 수 있다. 당시에는 아직 녹화한 영상을 밖에서 편히 볼 수 있는 기계는 없었다.

다음으로 소니가 가진 '8밀리 비디오카메라'를 대상으로 하여 '가능성 전개'를 한다.

출발점: 8밀리 비디오카메라로 영상을 찍을 수 있다.

　　→ 그것을 만들면 무엇이 가능해지는가?

촬영한 영상을 확인할 수 있다.

　　→ 그것을 만들면 무엇이 가능해지는가?

촬영한 영상을 볼 수 있다.

　　→ 그것을 만들면 무엇이 가능해지는가?

녹화한 영상을 볼 수 있다.

　　→ 그것을 만들면 무엇이 가능해지는가?

녹화한 영상을 한가할 때 어디서나 볼 수 있다.

　　→ 그것을 만들면 무엇이 가능해지는가?

시간이 있을 때 좋아하는 영상을 언제든지 볼 수 있다.

　　→ 그것을 만들면 무엇이 가능해지는가?

제9장 발명은 어떻게 할까?

이 전개의 '시간이 있을 때 좋아하는 영상을 언제든지 볼 수 있다'에서 '8밀리 비디오카메라를 사용해서 영상을 볼 수 있도록 한다'는 시즈가 발견되었다.

여기서 앞의 '목적 전개'와의 매칭을 생각해보자. '목적 전개'에서는 '여가 시간에 보려고 녹화한 영상을 이동 중이나 외출 중에 즐긴다'는 숨은 니즈를 발견했다. 그리고 '가능성 전개'에서는 '시간이 있을 때 좋아하는 영상을 언제든지 볼 수 있다'는 숨은 시즈를 발견했다. 이 두 가지 기술문은 거의 같은 의미다. 다시 말해 매칭할 수 있는 시즈와 니즈다.

하지만 당시의 8밀리 비디오카메라로 녹화 영상을 보기 위해서는 작은 뷰파인더를 들여다볼 수밖에 없어서 텔레비전이나 모니터가 없는 곳에서 영상을 보기는 어려웠다. 그러므로 여기서부터는 '수단 전개'의 차례다.

출발점: 여가 시간에 보려고 녹화한 영상을 이동 중이나 외출 중에 즐긴다.

　　　→ 그것을 위해서 무엇을 해야 하는가?

가지고 다녀도 짐이 되지 않는 적당한 크기의 화면을 가진 배터리 구동형 비디오기기를 제공한다.

　　　→ 그것을 위해서 무엇을 해야 하는가?

현재의 8밀리 비디오카메라의 카메라 부분을 제거하고, 테이프를 녹화, 재생할 수 있는 액정 화면을 가진 소형 비디오기기를 설계한다.

　　　→ 그것을 위해서 무엇을 해야 하는가?

이 개발 주제는 장벽이 그리 높지 않았다. 그리하여 소니는 1988년에 8밀리 비디오카메라의 카메라 이외의 메커니즘을 사용해서 조작 패널과 액정 모니터를 조합해 텔레비전이 없는 곳에서도 영상을 간편하게 즐길 수 있는 휴대용 비디오 리코더 'GV-8'을 발매했다.

소니 내부에서 실제로 이런 '목적 전개'와 '가능성 전개'를 했는지는 확실치 않지만, 비디오 워크맨의 기획 발안자는 머릿속으로 '목적 전개' 그리고 '가능성 전개'와 비슷한 사고를 펼치지 않았을까 싶다.

이 발명은 숨은 니즈와 숨은 시즈를 '목적 전개'와 '가능성 전개'에서 발견하고, 그것을 매칭한 뒤 '수단 전개'를 통해 개발에 성공한 사례라고 할 수 있다.

이 예처럼 '목적 전개'에서 사람들이 필요로 하는 니즈를 찾고, '가능성 전개'로 자신 또는 자사가 제공할 수 있는 시즈를 찾는다. 그리고 이 두 가지 전개를 통해 연결할 수 있는 시즈와 니즈를 찾아 세상이 요구하는 새로운 것을 만들어낼 수 있다. 이것이 시즈와 니즈의 매칭이다.

같은 분야, 같은 종류에서 전개된 '목적 전개'와 '가능성 전개' 과정에서 매칭할 수 있는 기술문, 비슷한 기술문을 찾으면, 그것은 사람들이 학수고대하는, 자신이나 자사가 제공할 수 있는 사물이라고 할 수 있다.

매칭안을 찾기 위해서는 '목적 전개'만 또는 '가능성 전개'만을 보는 것이 아니라 두 전개를 나란히 놓고 비교하면서 생각해야 효과적이다.

기능 표현에서 힌트를 찾아라

이번에는 '목적 전개'에서 찾은 목적의 기술문(기능 표현)에서 힌트를 찾는 방법을 설명하겠다. '세탁기의 모터'를 대상으로 한 '목적 전개'를 가지고 목적을 기술하는 기능 표현에서 구체적인 상품 기획안의 힌트를 찾아보자.

출발점: 세탁기의 모터를 회전시킨다.

　　　→ 무엇을 위한 것인가?

세탁기 안의 세탁물을 돌린다.

　　　→ 무엇을 위한 것인가?

옷감을 구석구석까지 세제로 세척한다.

    → 무엇을 위한 것인가?

옷감의 구석구석까지 세제를 보낸다.

    → 무엇을 위한 것인가?

옷감의 얼룩진 부분에 세제를 접촉시킨다.

    → 무엇을 위한 것인가?

옷감의 얼룩진 부분에만 세제를 묻힌다.

    → 무엇을 위한 것인가?

옷감에서 얼룩을 분리시킨다.

    → 무엇을 위한 것인가?

옷감에서 얼룩을 이탈시킨다.

    → 무엇을 위한 것인가?

옷감의 얼룩을 지운다.

    → 무엇을 위한 것인가?

옷감을 원래 청결했던 상태로 되돌린다.

이 목적 전개의 결과, 다음과 같은 사실을 알 수 있다.

세탁기 안의 세탁물을 돌린다.

→ 반드시 모터를 사용할 필요는 없다.

옷감의 구석구석까지 세제를 보낸다.

→ 꼭 물일 필요는 없다.

옷감에서 얼룩을 분리시킨다.

→ 세제는 반드시 필요하지 않다.

옷감의 얼룩을 지운다.

→ 옷감에서 얼룩만 제거하면 된다.

옷감을 원래 청결했던 상태로 되돌린다.

→ 얼룩을 제거하는 것이 아니라 청결하게 하면 된다.

이렇게 목적의 표현 즉 기능 표현에서 어떠한 대응책을 찾을 수 있다. 그리고 '이제껏 깨닫지 못한 이상적인 기능'에 근접시킴으로써 혁신적인 상품 기획안이 탄생한다.

독창적인 상품의 탄생

기획안을 독특하고 참신하게 작성한 구체적인 예를 몇 가지 소개해보겠다. 앞 장에서 예로 든 세탁기의 목적 전개부터 그 기능 표현에 여러 수식 표현을 추가했더니 재미있는 기획안이 탄생했다.

'세탁기 안의 세제물을 돌린다'에 수식어를 추가해서 새로운 세탁 장치를 생각해보자. 예를 들어 '소음이 적다', '옷감을 손상시키지 않는다'라는 수식 단어를 추가하면 '조용히 옷감을 손상시키지 않고 세제물을 돌린다'라는 기능 표현을 생각해볼 수 있다. 실은 이것을 실현한 제품은 이미 존재한다. 25년 이상의 초음파 기술력을 보유한 스위스 회사와 협력해서 개발한 '돌피Dolfie'가 그것이다. 세탁물을 세제와 함께 물에 담그고 돌피를 넣은 뒤 돌피의 전원을 켜면 초음파가 나오면서 그 진동으로 물을 휘저어 얼룩을 제거해준다. 모양이나 색이 변질될 걱정이 없고, 지금까지 손빨래를 해야 했던 상하기 쉬운 소재, 레이스나 캐시미어와 같은 섬세한 소재도 안심하고 세탁할 수 있다. 세면대에서 세탁을 할 수 있는 초소형 세탁기이므로 여행지에서도 요긴하게 쓰인다.

세제물을 휘젓는 데 반드시 모터를 사용하지 않아도 된다는 점을 깨닫고, 초음파 기술을 가진 회사가 자사의 시즈를 잘 활용한 예다. 여기서도 매칭이 일어난 것이다.

'옷감의 구석구석까지 세제를 보낸다'에 수식어를 추가해서 수식된 기능 표현을 생각해보자. 예를 들어 '물을 거의 사용하지 않고, 두드리는 것에 의한 세정 효과를 이용해서 빨래의 구석구석까지 세제를 보낸다'라는 기능 표현을 생각해볼 수 있다. 이는 최근에 많이 보급되고 있는 드럼 세탁기의 기능을 나타내고 있다.

'옷감에서 얼룩을 분리시킨다'에 수식어를 추가해서 '옷감을 손상시키지 않고 얼룩을 제거할 수 있는 용제로 옷감에서 얼룩을 분리시킨다'고 해보자. 이 기능 표현은 바로 드라이클리닝이다.

하나만 더 생각해보자. '세제를 사용하지 않고, 이온(전자)의 힘으로 옷감에서 얼룩을 분리시킨다'고 하면, 이것은 일전에 산요전기가 출시한 '세제가 필요 없는 세탁기'의 아이디어다.

'옷감에서 얼룩을 제거한다'에 수식어를 추가하고 '얼룩진 부분만을 두드려서 옷감에서 얼룩을 제거한다'는 전개 과정도 실제로 적용된 사례가 있다. 2015년 1월, 하이얼이라는 회사가 핸디 세탁기 '코톤Coton'이라는 제품을 발표했다. 옷에 묻은 얼룩을 급하게 지우고 싶을 때 사용하는 제품으로 얼룩진 부분에 액체 세제를 바르고 두드리면 얼룩을 제거할 수 있다. 소형 물통처럼 생겼으며 그때까지 시장에 없었던 제품이다.

또 하나, '걸어놓기만 하면 세균과 냄새가 제거되고, 옷감을 원래 청결한 상태로 복구한다'는 사고 전개는 하이얼이 코톤과 동시에 발표한 '슈트 리프레셔'라는 상품과 이어진다. 이 제품은 물을 사용하지 않고 공기의 힘으로 정장이나 외투의 세균과 냄새를 제거한다. 정장이나 재킷 등의 윗도리를 옷걸이에 걸어 전원을 누르고 하룻밤 두기만 하면 세균과 냄새를 제거할 수 있다고 한다. 게다가 향기를 내는 기능도 탑재해 가정뿐만 아니라 음식점 등에서도 활약하고 있는 상품이다.

이와 같이 기능 표현에 다양한 수식 표현을 추가함으로써 신제품, 신서비스의 기초가 되는 기능 표현을 생각해낼 수 있다. '목적 전개', '가능성 전개', '수단 전개'를 이어가면서 수식 표현을 계속해서 붙여보길 바란다.

만약 이러한 사고 전개를 통해서도 독특한 기능 표현이 되지 않는다면 나중에 수식어를 붙이면서 독특하게 만들면 된다. 또 이미 수식어가 붙어 있는 기능 표현도 다른 수식 표현을 붙임으로써 참신한 아이디어를 창출할 수 있다.

제10장

기획자를 위한 사고법

비즈니스를 위한 사고법

　　인간은 늘 무언가를 발상하고 있다. 나는 아니라고 하
는 사람도 있겠지만, 의식하지 못할 뿐 누구나 반드시 발
상을 하고 있다.

　　예를 들어 인간관계에 어려움을 느끼고 있다고 하자.
그럴 때 '어떻게 하면 사람들과 잘 어울릴 수 있을까?' 하고
관계를 잘 맺기 위한 방법을 찾을 것이다. 혁신이 될 만한
상품을 기획하기 위한 사고와 거의 같다고 해도 과언이 아
니다. 이 장에서는 어떤 사고가 새로운 발상으로 이어지는
지를 설명한다.

'추론'이라는 단어를 들어봤을 것이다. 일반적인 의미를 쉽게 설명하자면 '분명하게 알지 못하는 일을 짐작해서 말하는 것'이다. 여러분의 사고는 온갖 추론으로 이루어지고 있다.

추론은 귀납적 추론, 연역적 추론, 가설적 추론의 세 종류로 분류할 수 있다. 사람은 무언가를 생각할 때 이 세 가지 추론 중 하나 또는 그것들을 조합해서 사고를 펼치고 있다. 여러분이 생각하거나 발상할 때 우리는 알게 모르게 그런 추론 과정을 거치고 있는 것이다.

귀납적 추론

귀납적 추론은 개별적인 사실에서 일반적인 원리를 이끌어내는 추론법이다. 이렇게 말하면 이해하기 어려울 것이다. 예를 들어 설명해보겠다. '인간은 정말 죽는가?' 하는 문제에 대해 생각해보자. 당연하다고 생각하는 사람도 있을지 모르지만, 이 책을 읽고 있는 당신은 아직 한 번도 죽어본 적이 없을 것이다. 그런데도 왜 '인간은 당연히 죽는다'고 생각할까?

여러분은 '인간은 죽는다'라는 것을 추론으로 이해하고 있는 것이다. 우선은 귀납적 추론에 의해 어떻게 이해하고 있는지 설명해보겠다. 먼저 'A는 죽었다, 그리고 B도 죽었다'라는 사실이 있다. 그리고 'A도 B도 인간이다'라는 사실이 있다. 이로부터 '인간이니까 죽었을 것이다'라고 추측할 수 있고, 여기서 '인간은 모두 죽는다'라는 원리 원칙을 생각해낼 수 있다.

이처럼 개개의 사실에서 일반적 원리 원칙이나 이론을 도출하고자 하는 것이 귀납적 추론이다. 이것은 전례를 중시하고 이미 알고 있는 사상에서 일반적으로 통용되고 있는 것을 찾는 사고다.

연역적 추론

연역적 추론은 일반적이고 보편적인 원리 원칙이나 이론에서 개별적인 결론을 얻고자 하는 추론 방법이다. 이것도 '인간은 정말 죽는가?'를 예로 들어 설명해보겠다.

'동물은 죽는다'는 것은 누구나 아는 진리다. 또 '인간은 동물'이라는 사실은 부정하는 사람이 없는 원리다. 이 두 가지 진리에서 '인간은 동물이니까 죽을 것이다'라고 추론할 수 있다. 거기서 '인간은 죽는다'라는 결론을 얻을 수 있다.

이처럼 연역적 추론은 일반적인 원리 원칙에서 개개의 사실의 결론을 원리적으로 살핀다. 이는 이론적으로 옳은 원리 원칙에서 출발해서 새로운 결론을 찾아나가는 사고다.

가설적 추론

가설적 추론은 어느 개별의 사실을 가장 적절하게 설명할 수 있는 가설을 도출하는 추론 방법이다. 이것도 '인간은 정말 죽는가?'를 예로 들어 설명해보겠다.

'많은 사람이 존재하지만 영원히 만날 수 있는 사람은 없다'라는 사실이 있다. 이 사실에 대해 그것은 '사람은 죽기 때문이다'라는 가설을 세운다. 그리고 '죽으면 만날 수 없다'라는 일반적인 법칙이 있다. 물론 만날 수 없는 이유는 그 사람이 죽어버렸기 때문이다. 거기서 가설이 틀렸다고는 할 수 없으므로 '인간은 죽는다'라는 결론을 추론할 수 있다.

이때 가설을 세우고 가설을 입증하는 일반적인 법칙을

생각해내 결론으로 향하는 추론은 사람마다 독자적이고 독특하다. 즉 가설적 추론에는 발상력이 발휘될 여지가 크다고 할 수 있다.

추론의 세 가지 방법

귀납적 추론

개별적인 사실에서
일반적인 원리를 이끌어내는
추론법

연역적 추론

일반적인 원리 원칙이나 이론에서
개별적인 결론을 얻고자 하는 추론법

가설적 추론

어느 개별의 사실을
가장 적절하게 설명할 수 있는
가설을 도출하는 추론법

독특하고 새로운 사고법

숨은 니즈를 찾아내기 위해서는 어느 추론이 적합할까? 귀납적 추론은 실제로 일어난 사실을 조사해서 그 공통점이나 유사점에서 어떤 법칙이나 사고방식을 도출하는 사고법이다. 그러므로 실제로 무언가가 일어나지 않으면 아무것도 도출할 수 없다.

연역적 추론은 이미 명백한 원리나 이론에 근거하여 새로운 사고방식이나 법칙, 이상적인 기획안 등을 도출하는 추론이다. 예를 들어 수학의 증명이 그 전형이며, 이론 물리학의 혁신적인 발견이나 발명은 연역적 추론을 작동시키는 예다. 가설적 추론은 스스로 세운 가설에서 추론을 전개하기 때문에 그 사람의 독자적이고 독특한 새로운 사고방식을 발견할 수 있다.

이제 여기서 제5장에서 설명한 현재와 과거의 연장선상에 있는 니즈와 연장선상에는 없는 니즈를 다시 한 번 떠올려보기 바란다.

사람들의 니즈에는 과거에서 현재, 미래로 이어지는 연속적, 누적적 니즈가 있다. 그 선상에서 지금 알고 있는 니즈에 대해 많은 개선과 개량이 이루어지고 있다. 그때 사용되는 것이 귀납적 추론이다. 사실의 관찰, 설문조사, 실험 등으로 현재의 상황을 파악하고 분석해서 새로운 것을 생각한다. 귀납적 추론은 과거와 현재를 연결하는 선상의 기획을 생각하는 데 적합하다.

연역적 추론은 현재의 사실이 아니라 일반적이고 보편적인 원리나 이론을 가지고 발상하는 사고이므로 과거와 현재를 연결하는 선상에서 벗어나 완전히 새로운 아이디어가 떠오를 가능성이 있다.

즉 비연속적이고 현상을 크게 바꿀 만한 숨은 니즈의 발견은 귀납적 추론으로는 어렵고, 연역적 추론이나 가설적 추론을 통한 발상이 필요하다. 다시 말해 귀납적 추론에 비해 연역적 추론과 가설적 추론이 숨은 니즈를 발견할 가능성이 더 높다.

세상에는 이미 깨달은 과제(이미 알고 있는 과제)와, 아직 깨닫지 못한 과제(미지의 과제)가 있다. 미지의 과제는 숨은 니즈가 될 가능성이 높고, 그 과제를 실현할 수 있는 시즈는 숨은 시즈라고 할 수 있다.

미지의 과제를 발견하기 위해서는 어떻게 하면 좋을까? 우연히 발견되는 경우도 있고, 의식해서 발견하는 경우도 있다. 연역적 추론으로 이상적인 발상력을 발휘하고 가설적 추론으로 발상자의 개성과 독자성을 발휘하면 미지의 과제를 의식적으로 발견할 수 있다.

고정관념을 타파하라

마지막으로 사고 전개를 진행할 때 일관해서 의식했으면 하는 것이 있다. 그것은 참신하고 획기적인 발상을 환기하기 위해서 필요한 여섯 가지 유의점과 태도다. 특히 첫째 기성개념의 타파와 둘째 고정관념의 불식이 중요하다. 나이가 들면 들수록 기성개념과 고정관념에 사로잡히기 쉽다.

창조력을 가로막고 있는 가장 큰 원인은 기성개념과 고정관념이다. 사고를 전개할 때는 반드시 이 두 가지를 의식적으로 멀리해야 원하는 결과를 얻을 수 있다.

참신한 발상을 위한 태도와 유의할 점

1. 널리 사회에서 인정되고 있는 개념이라고 해서 곧이곧대로 받아들이지 않기 – 기성개념의 타파
2. 평소 자신의 의식과는 다른 의식 가지기 – 고정관념의 불식
3. 잠재적 기억 환기하기
4. 기존 지식과 경험의 새로운 조합 생각하기
5. 자신만의 고유한 생각으로 추론하기
6. 자신이 알고 있는 원리 원칙에서 추론하기

맺음말

    이 책에서 소개한 사고 전개법은 1959년에 미국의 제럴드 네이들러 박사가 개발한 시스템 설계법을 기원으로 하고 있다. 여기서의 시스템이란 정보 시스템뿐만 아니라 제품·서비스·비즈니스모델·사회제도·교육제도 등의 모든 시스템 즉 모든 것을 가리킨다.

    네이들러 박사의 시스템 설계법 이전의 일반적인 시스템 설계의 사고방식은 현재 시스템을 조사하고 분석해서 그 단점을 개선하는 것이었다. 하지만 네이들러 박사가 개발한 시스템 설계법은 현재 시스템을 분석·개량하는 것이 아니라, 목적 전개라는 사고법으로 이상적인 시스템을 파악한 후에 지금 현재 가능한 최선의 시스템을 설계하고자 하는 획기적인 사고방식의 설계법이었다.

이 설계법은 1960년대에 와세다대학의 연구 그룹에 전수된 이후 와세다대학을 중심으로 수많은 기업에서 연구를 추진하고 실천해왔다. 그리고 1980년대부터 와세다대학의 구로스 세이지 교수를 중심으로 연구 개발이 진행되어 획기적인 제품·서비스·비즈니스모델의 기획·설계, 혁신적인 문제 해결에 사용할 수 있는 창조 기법으로서 정리된 것이 이 책에서 소개한 사고 전개법이다. 새로운 시스템 즉 사물을 창조적으로 설계하는 것을 염두에 둔 사고법이므로 최종적으로는 사물을 창출하는 것을 목표로 하는 실천적인 사고법이다.

지금까지 배워왔듯이 이 책의 사고 전개법은 자문자답식 발상법이다. 자문자답으로 자신의 주관을 중심으로 목적, 수단, 가능성을 추구하는 발상법을 고안한다. 의지만 있으면 누구나 할 수 있는 발상법이며 수많은 기업이나 단체에서 활용할 수 있다.

맺음말

기획안을 발상한 뒤에는 기술 개발, 제품 설계, 사업화, 수입화 단계로 이어진다. 기획안을 만든 후에도 관문을 넘어 다음 단계를 진행할 필요가 있다.

기획안을 구체적인 기술 개발 계획, 설계 계획, 사업 계획으로 전개해나갈 때는 수많은 과제와 제약 조건이 있다. 자사 기술의 제약, 기존 제품의 제약, 마케팅의 제약, 조직·인사의 문제, 자금 자원의 제약 등 많은 과제와 제약이 있다.

이러한 실행 계획을 치밀하게 짜서 기획안을 혁신으로 전개해나가는 것은 기획안을 내는 것만큼이나 중요한 과제가 된다.

그 과정에서 발생하는 문제나 과제도 '목적 전개', '가능성 전개', '수단 전개'로 해결하는 것이 가능하다. 기획안 제작뿐만 아니라 그 외 문제나 과제의 해결에도 사고 전개법을 활용해보길 바란다.

마지막으로 이 책이 수많은 혁신적 기획·획기적 문제 해결에 도움이 되었으면 좋겠다. 집필을 도와주신 와세다대학 상학학술원 이노우에 다쓰히코 교수, 감수 및 조언을 주신 구로스 세이지 교수, 아베가와 씨, 우시야마 씨, 그리고 집필하는 데 큰 도움을 주신 닛케이BP사의 나카자와 다카시 씨에게 진심으로 감사의 말씀을 드린다.

맺음말

참고문헌

D. A. 존스, 「전기 공학: 사회의 근간Electrical Engineering: The Backbone of Society」(1991).

M. S. 드레셀하우스·G. 드레셀하우스·R. 사이토, 『탄소나노튜브의 물리적 성질Physical Properties of Carbon Nanotubes』, Imperial College Press(1995).

구로스 세이지·아사쿠라 후미토시·엔도우 세이조, 『설계적 접근에 의한 정보시스템 구축법デザイン·アプローチによる情報シ ステム構築法』, 白桃書房(1998).

닐 볼드윈, 『에디슨: 세기의 발명Edison: Inventing the Century』, University of Chicago Press(1995).

다카하시 마코토, 『창조력 사전創造力事典』, モード学園出版局(1993).

데이비드 커크패트릭, 임정민·임정진 옮김, 『페이스북 이펙트』, 에이콘

출판사(2010).

로라 슈미트, 『브라이트 스터프: LED와 닉 홀로니악의 놀라운 발명The Bright Stuff: The LED And Nick Holonyak's Fantastic Trail Of Innovation』, Book Baby(2012).

로이스턴 M. 로버츠, 『세렌디피디: 우연한 과학적 발견Serendipity: Accidental Discoveries in Science』, Wiley(1989).

메리 케이 카슨, 『알렉산더 그레이엄 벨: 세상에 목소리를 주다Alexander Graham Bell: Giving Voice to the World』, Sterling(2007).

아이다 유타카, 『NHK 전자입국 일본의 자서전 상·중·하NHK電子立国日本の自叙伝 上·中·下』, 日本放送出版協会(1991).

에이브러햄 H. 매슬로, 소슬기 옮김, 『매슬로의 동기이론』, 유엑스리뷰(2018).

월터 아이작슨, 안진환 옮김, 『스티브 잡스』, 민음사(2015).

잭 챌로너, 『세상을 바꾼 1001가지 발명1001 Inventions That Changed the World』, B.E.S. Publishing(2009).

제럴드 내들러·쇼조 히비노·존 퍼렐, 『창조적 솔루션Creative Solution Finding: The Triumph of Breakthrough Thinking over Conventional Problem Solving』, Prima Lifestyles(1999).

테드 레빗, 조성숙 옮김, 『테드 레빗의 마케팅』, 21세기북스(2011).

팀 브라운, 고성연 옮김, 『디자인에 집중하라』, 김영사(2010).

팀 잭슨, 금기현 옮김, 『인사이드 인텔』, 세종연구원(1998).

페이슨 어셔, 『기계 발전사A History of Mechanical Inventions』, Dover Publications(1988).

필립 코틀러·케빈 레인 켈러, 윤훈현 옮김, 『마케팅관리론』, 피어슨에듀케이션코리아(2013).

생각을 비즈니스로 연결하는 힘

ⓒ 미하라 고지, 2020

초판 1쇄 2020년 2월 28일 찍음
초판 1쇄 2020년 3월 6일 펴냄

지은이 | 미하라 고지
옮긴이 | 장인주
펴낸이 | 이태준

기획·편집 | 박상문, 김소현, 박효주, 김환표
디자인 | 최진영, 홍성권
관리 | 최수향
인쇄·제본 | 제일프린테크

펴낸곳 | 북카라반
출판등록 | 제17-332호 2002년 10월 18일

주소 | (04037) 서울시 마포구 양화로 7길 4(서교동) 삼양E&R빌딩 2층
전화 | 02-325-6364
팩스 | 02-474-1413
www.inmul.co.kr | cntbooks@gmail.com

ISBN 979-11-6005-078-3 03320
값 13,000원

이 도서의 국립중앙도서관 출판시도서목록(CIP)은 서지정보유통지원시스템 홈페이지
(http://seoji.nl.go.kr)와 국가자료공동목록시스템(http://www.nl.go.kr/kolisnet)에서
이용하실 수 있습니다. (CIP제어번호: CIP2020007178)